青岛市图书馆馆藏“满铁”资料提要

（修订本）

于　婧　曲　玲　刘　燕　宋　跃　张晶辉　编译

中国海洋大学出版社

·青岛·

图书在版编目(CIP)数据

青岛市图书馆馆藏“满铁”资料提要 / 于婧等编译. —修订本.
—青岛:中国海洋大学出版社,2017.8
ISBN 978-7-5670-1560-9

Ⅰ.①青…　Ⅱ.①于…　Ⅲ.①南满洲铁道股份公司—史料—内容提要　Ⅳ.①Z89:K265.610.63

中国版本图书馆 CIP 数据核字(2017)第 226990 号

青岛市图书馆馆藏“满铁”资料提要

出版发行	中国海洋大学出版社		
社　　址	青岛市香港东路 23 号	**邮政编码**	266071
网　　址	http://www.ouc-press.com		
出 版 人	杨立敏		
责任编辑	施　薇		
电　　话	0532－85901040		
电子信箱	whs0532@126.com		
印　　制	青岛国彩印刷有限公司		
版　　次	2018 年 3 月第 1 版		
印　　次	2018 年 3 月第 1 次印刷		
成品尺寸	185 mm×260 mm		
印　　张	13.25		
字　　数	258 千		
印　　数	1～1000		
定　　价	86.00 元		
订购电话	0532－82032573(传真)		

如发现印装质量问题,请致电 0532－88194567,由印刷厂负责调换。

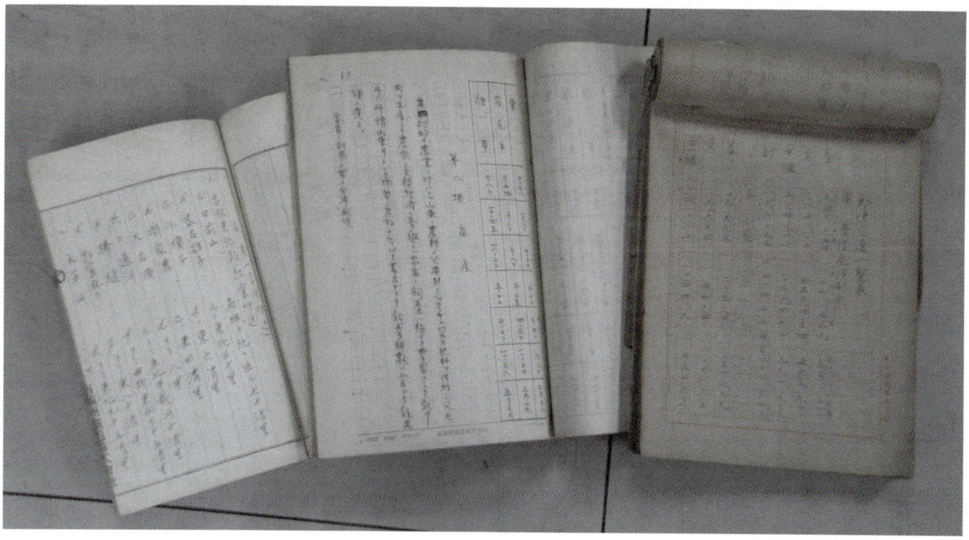

“满铁”调查报告中的手写版和油印版资料

“满铁”对青岛的纺织状况和胶济铁路的沿线驿站货运情况的调查资料

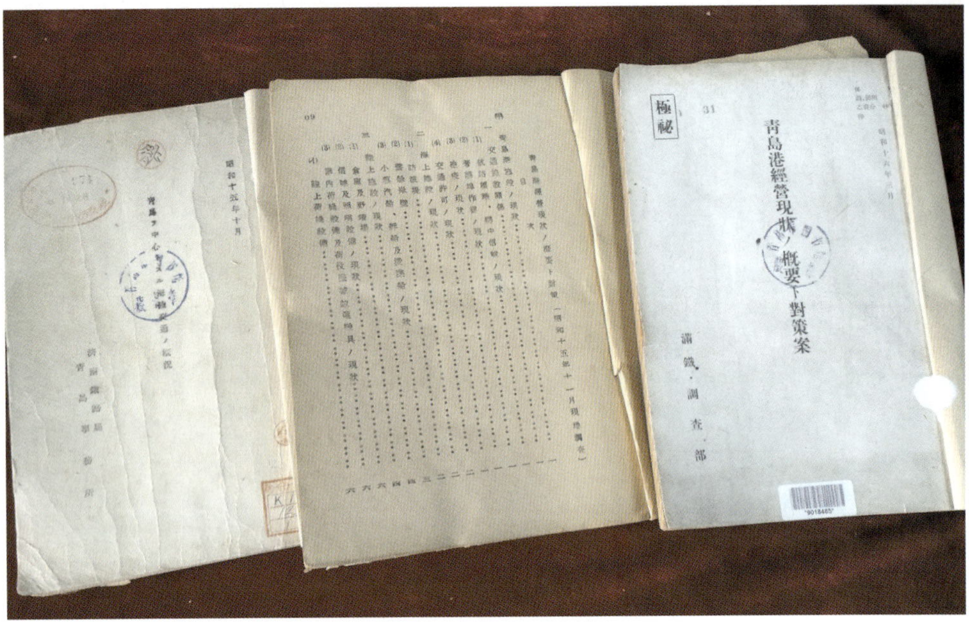

"满铁"对青岛港的调查资料

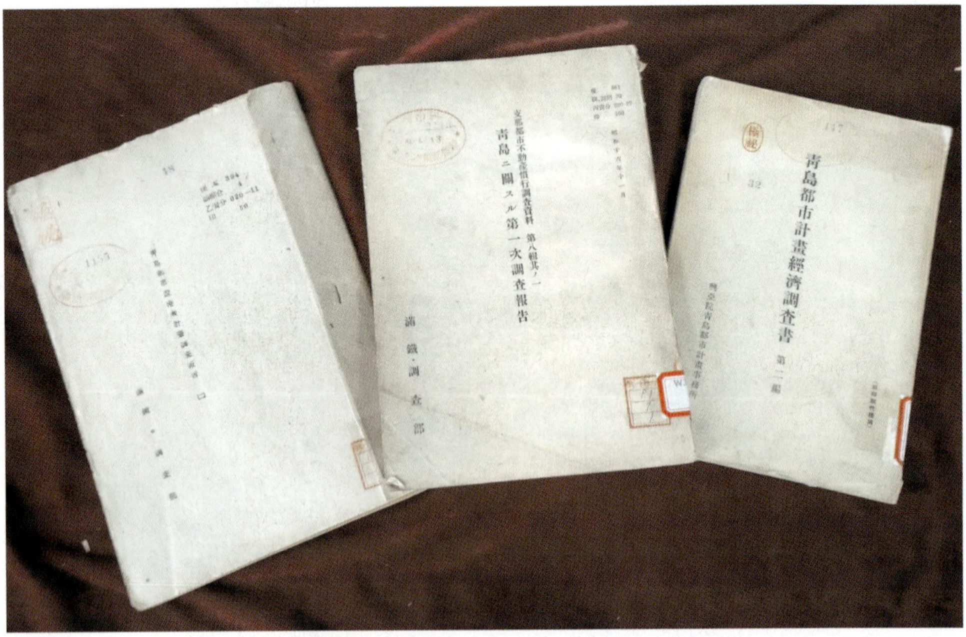

"满铁"对青岛经济状况的调查资料

“满铁”对山东省的调查资料

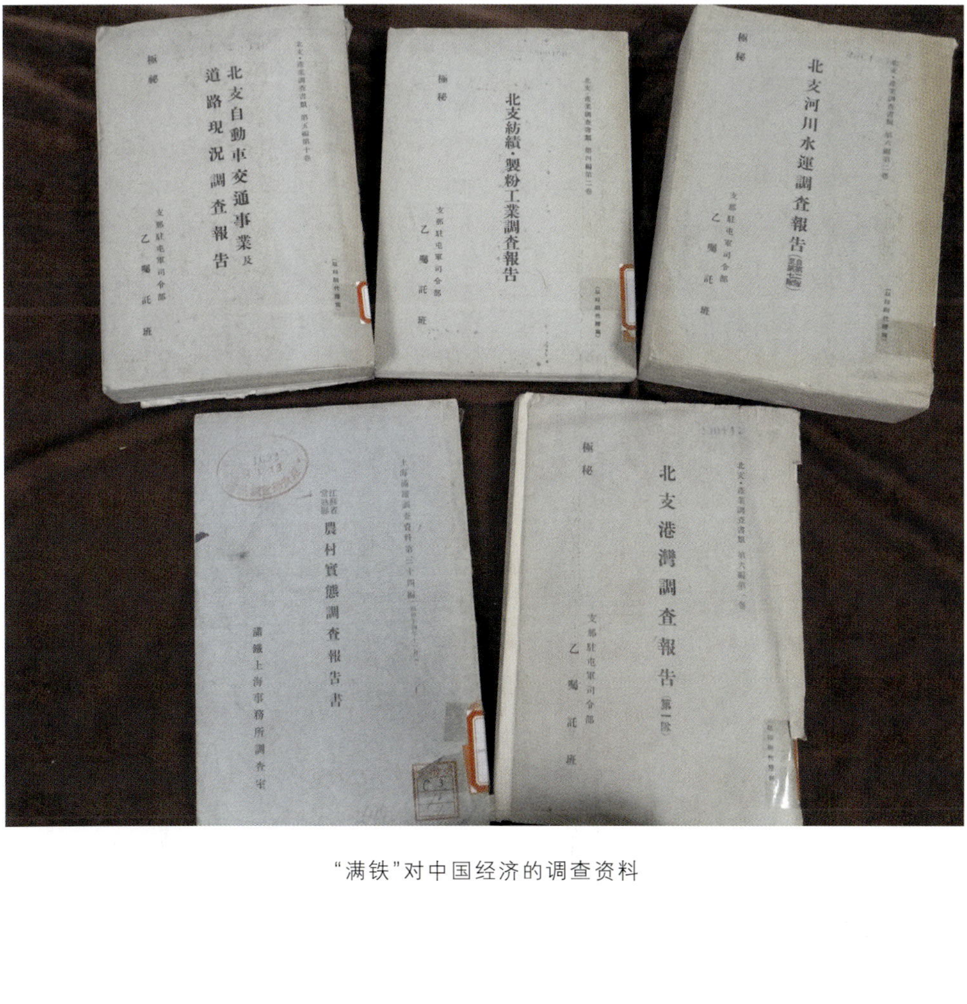

“满铁”对中国经济的调查资料

前言

FOREWORD

"满铁"是日本"南满洲铁道株式会社(1906～1945年)"的简称,1905年日俄战争后,日本占领了我国东北的南部(即南满洲),夺得了原来由俄国控制的我国大连至长春的南满洲铁路及其附属的全部权益和旅顺、大连的租借权。为了经营南满洲,1906年6月7日日本天皇下令在中国设立"南满洲铁道株式会社",自此开始了日本"经营满洲"的活动。"满铁"的总部虽然设在东北,但其活动范围遍及了中国的华北、华中、华南、内蒙和朝鲜。在其存续期间,它执行殖民政策,对我国众多的行业领域进行垄断,除铁路交通运输业外,还涉及矿业、轻重工业、农林畜牧业、文化、教育、旅游业等行业,大量攫取我国的资源,"满铁"表面上是一个株式会社(有限公司),而实际上是日本军国主义在我国东北建立的一个庞大的殖民和侵略机构。由于它是日本根据其政府的特定法令而设置的特殊会社,自它建立起就是日本政府在南满洲的化身。从其发挥的作用来看,它是代表日本国家意志和代行国家职能的机构,是日本帝国主义推行其侵占和吞并中国,对中国进行殖民统治的重要工具。"满铁"在中国存在了将近四十年,以推行日本政府的"大陆政策"为最高利益,为日本军国主义侵华战争提供了财力、物力、人力及情报等诸方面的大力支援,其机构的成立和运营始终是为日本帝国主义图谋实现侵略扩张的王牌。

"满铁"不同于一般的殖民机构,其拥有一个复杂的组织机构,且设立众多的分支机构,同时它还拥有庞大而专业的调查队伍,组织从事与对中国等国家的调查工作。随着这些机构的不断设置、完善和扩充,其体系也日趋庞大,特别是具备完备体系的情报中心。"满铁"曾以其调查机构之庞大及其调查活动之活跃而臭名昭著,而这也恰恰成为了它的特色之一。"满铁"的庞大的组织机构中除具有总揽一切的总裁室外,还有为数众多的各部下属的课、室、事务所等部门。1907年3月,"满铁"设立调查部,负责"在满洲及其附近地区从事一般经济及惯例的调查",其后任务扩大为考察中国,特别是"满蒙"的各种法律及制度,调查产业、商业、交通等情况。"满铁"机构中的调查部是"满铁"的重要情报部门,是当时世界上屈指可数的情报调查机关。调查部的主要业务是将资料、情报、统计的准备制作和搜集、整理、保管及调查成果的发表和编辑等。"满铁"调查课(1908—1932)

在其存在的20多年的时间,为协助日本政府实现经济和军事侵略,“满铁”及其下属机构不断从事社会调查、内地实地考察、搜集各种文字情报资料等活动,调查目标涉及中国、俄国远东、外蒙、东南亚以至大洋洲、欧美等地。调查和搜集的涉及范围极其广泛,内容有政治、经济、历史、地理、物产、各种资源、风俗习惯等方面。“满铁”的调查活动,无论是调查的内容还是调查的地点,都与日军的情报搜集有关。“满铁”的这些机构的调查资料浩繁,它对我国的自然、地理、物产资源、政治、经济、风俗习惯以及文化历史等情况都有广泛的调查和搜集。调查范围扩大到西伯利亚、印度尼西亚、大洋洲和欧美大陆,其中东北亚地区调查尤为详尽。从而形成了大量的详实的第一手连续的、系统的、完整的、综合的包罗万象的、内容涵盖各个领域的调查资料。这些记载着其侵略的全部内容,经多年积累、形成和收藏的大量各种各样的图书、调查资料和档案资料,并在日本、中国等地出版印刷或内部参考的文献,称为“满铁”资料。“满铁”资料从时间上看,主要形成于20世纪20年代和30年代,装帧形式多样。从文献体裁上看,有通讯报道、论述、调查资料、统计报告等。既有正式出版物,也有很多非正式出版物;既有图书,也有期刊,这其中有许多文献已成为孤本或珍本。

“满铁”资料主要是向日本军国主义提供全面系统的侵略内容,目的是为日本当时的政治、军事和经济扩张服务。“满铁”所形成的调查报告、图书文献和档案材料种类繁多,数字详尽,史料详实,形式各样,堪称20世纪前半期世界上最大的情报文献资料。这些档案资料对当时日本政府制定在华侵略政策及方针起到了极大的影响作用。它不仅是日本帝国主义企图吞并中国、称霸世界的铁证,也是中国近现代史、中日关系史以及东北亚史的最大的资料库。

由于“满铁”在日本侵华历史中所处的特殊地位,决定了“满铁”资料具有的不可取代的研究利用重要价值。这些20世纪近代史研究的核心资料,是珍贵的历史文献和历史的见证。“满铁”资料的价值和研究意义具体体现在:(一)由于“满铁”的存续,几乎贯穿了日本侵华的始终,“满铁”经营的历史,就是日本侵华史的缩影,“满铁”资料记录和反映了日本军国主义侵略中国乃至世界的全过程,所以,“满铁”资料实际上就是“满铁”直接和间接参与日本侵华的铁证。“满铁”资料中有一些关于重大历史事件的记载,有可供考证的线索或旁证、资料,展示在世人面前的是由日本人自己书写、记录报道、拍摄、描绘的,在军事、政治、经济上的侵华证据,后人通过对“满铁”资料的整理、研究、开发和挖掘,可进一步弄清日本侵略掠夺中国的真相,揭露日本军国主义的侵华罪行,还历史本来面目,把一部真实的中日关系史留给世界,昭示过去,也启迪后人勿忘历史,对于开展爱国主义教育具有现实意义。(二)“满铁”资料,无论是图书、期刊,还是调查报告,都直接、系统记载了当时世界和中国的内政、外交、经济、军事、文化、教育、社会风情等情况,这些史实的记载，对了解当时的世界发生的重大事件及研究中国近代基层社会史和农村发展史、国际关系史或研究社会学、历史学、人口学、民俗学等学科，特别是诸多地记录地方特征的文献，提供了一定的信息和线索，具有一定的史料研究价值，长期以来为研究政治、经济、社会发展的专家学者和修史编志人员所青睐，是不可多得的档案资料。（三）在“满铁”资料中，有相当数量是对我国的自然资源和社会资源的调查报告。虽然这些资料当时是为日本帝国主义对中国进行殖民统治和掠夺资源财富服务的，但是“满铁”的调查资料，对于我国的矿产、森林、生物、山川、地形、城市、道路、港口等所进行的自然资源和社会经济资源的调查，会有诸多至今仍有价值的、值得开发利用的资料。对它们的整理研究，一方面是抢救珍贵文献，可以保存一批反映中国当时社会经济状况的历史资料，另一方面是发掘出史料本身的现实意义，发掘出对当前经济建设有用的信息资料，会对本地区的经济建设和各项事业的发展，起到一定的推动作用。

对“满铁”资料的研究已逐渐成为国内外学界特别是中国和日本的学者关注的焦点之一，且在“满铁”资料研究方面有诸多的建树。研究“满铁”资料，主要是对注重“满铁”资料的考察、搜集和整理，注重“满铁”文献资料目录的编辑，注重对“满铁”调查资料的研究和开发。青岛市图书馆对“满铁”资料的挖掘和研究高度重视，并在“满铁”资料整理和开发方面做了大量的工作，所收藏的“满铁”资料的图书和资料也陆陆续续得到整理、编辑和出版。2013 年出版了《青岛市图书馆馆藏“满铁”资料提要》，收到业内人士的好评。本次由青岛市图书馆编译的《青岛市图书馆馆藏“满铁”资料提要》（修订本）的出版，是青岛市图书馆对“满铁”资料研究的一个补充和完善，是进一步发掘出“满铁”史料价值，开发出对当前经济建设有用的信息资料，以供学者们参考和利用。

在编辑中可能存在许多的不足之处，敬请读者阅后提出批评和指正。此外，仍有未编入的“满铁”资料，我们将继续搜集、增补和开发。

编译者

2017 年 8 月

凡　例

一、本书所收录的书目为日本“南满洲铁道株式会社”在 1945 年前编辑、出版、收藏的日文文献资料。

二、本书文献是按《中国图书分类法》22 大类分类，著录按《中国文献编目规则》和《西文文献著录条例》规定格式编排。

三、本书著录项目主要包括题名项、责任者项、版本项、出版者项、出版年、中文提要。

具体格式为：

正题名:副题名/责任者.-版本项.-出版地:出版者,出版日期

文献页码:尺寸

丛编项

中文提要

四、本书为尊重历史文献的本来面目，因此在著录文字中采用原始文献中所用字体。

五、本书文献均收藏于青岛市图书馆。

六、本书正文后按英语拼音顺序排列附书名索引(部分书名为日语片假名的文献，以五十音图顺序排序)，读者可通过书名索引的检索途径查找和检索本书文献信息。

目　录

《中国图书馆分类法》类目

书名索引

《中国图书馆分类法》类目

C 社会科学总论

C833.13/26(1920)

大正九年度統計年報/總務部調查課著.—大連:南滿洲鐵道株式会社,大正十一年[1922]

12,704 頁:図表,地図;25 cm

该资料是"满铁"总务部 1920 年对中国的土地、建筑、会计、铁道、船舶、港湾、矿山、工业、电气、旅馆、地方事业等方面做的统计。资料中附有大连至长春间旅客流量表、大连港及埠头设备略图等诸多图表。

C912.82/1

中国農村社会学概論/[不詳].—謄写版.—[不詳]:[不詳],昭和十五年[1940]

1 册;27 cm

该资料为中国社会学家言心哲(1898～1984)著的《农村社会学概论》(中华书局 1934 年出版)的日文翻译版。主要介绍了中国农村社会历史的背景、人口状况、生活程度、卫生状况、社会心理状态、农村的组织和自治状况、农村的教育情况等内容。

C924.255.2/1

支那に於け聚落(人口)分布の研究:山東省/水谷国一著.—大連:南滿洲鉄道株式会社,昭和十五年[1940]

34 頁:地図;22 cm

滿鉄調查研究資料,九

该书分为作图、调查和说明三个部分,介绍了山东省的人口分布情况。在作图篇中,介绍了计测图及其作图的方法。在调查篇中,介绍了多种调查资料、调查方法和成果。在资料篇中,附有山东省详细地图和山东省十万分之一地图。在成果篇中,介绍了山东省人口分布密度和聚居地构成。在聚居地构成篇中,介绍了山东省行政村落和聚居地户数。在说明篇中,根据聚居地人口密度的不同分布状态,分别介绍了黄河平原区、渤海沿岸区、中央山地北麓区、鲁西峡谷走廊区、洪积黄土区、中央山地区、半岛山地地带的人口分布情况。该书附有山东省聚居地(人口)密度图说明表、各个县的聚居地和户数密度图、各县的耕地利用百分比图、山东省地理区域图、山东省各县的位置图、山东省聚居地分布图、山东省聚居地密度图等图表。该书是日本对山东省人口分布情况的调查和研究资料。

C931/7

社内扱試験分析及鑑定取手続/北支経済調査所編.—謄写版.—[不詳]:[北支経済調査所],昭和十五年[1940]

3 頁;26 cm

该资料主要介绍了实验分析和鉴定所用的手续和表格。

C832/1(1929)

昭和四年度統計年報/佐田弘自郎著.—大連:南満洲鉄道株式会社,昭和六年[1931]

895 頁;25 cm

该书是由南满洲铁路株式会社编写的大正四年(1915 年)统计年报。书中从公司一般事务的状况、资本以及股份、土地、建筑、会计、费用支出、公务状况、工厂、铁路、船舶、港湾、矿山、制铁公司、电气、瓦斯、旅馆、地方事业、互助、就业情况、从事人员、设施事项、营业状况等方面对南满洲铁路株式会社的业务做了统计。书中附有《南满洲铁道株式会社铁路线路》等多幅图表。

C832/2(1926)

大正十年度統計年報/南満洲鉄道株式会社編.—大連:満洲日日新聞社,大正十二年[1923]

51 頁;図表,地図;27 cm

该书是由南满洲铁路株式会社编写的大正十年(1921)统计年报。书中从公司一般事务的状况、资本以及股份、土地、建筑、会计、费用支出、公务状况、工厂、铁路、船舶、港湾、矿山、制铁公司、电气、瓦斯、旅馆、地方事业、互助、就业情况、从事人员、设施事项、营业状况等方面对南满洲铁路株式会社的业务做了统计。在铁路方面,书中统计了线路、车辆、保险、运输、仓库、事故状况等方面的情况。在港湾方面,统计了筑港、码头、营业收支等状况。在矿山方面,统计了煤炭的种类和生产、工厂业绩等方面。在地方事业方面,统计了产业、水道、医院、教育、中央实验所、地质调查等方面。在介绍雇佣轮船来源时,涉及大连和青岛港之间的各类商品的运输情况及有关山东和青岛的经济统计。

C955.3/1

北東アジアの諸族民/満鉄弘報課編.—東京:中央公論社,昭和十六年[1941]

124 頁;19 cm

该书主要介绍了亚洲东北部分的民族的分布状态和原住民族以及各个民族的历史、特性等内容。

D 政治　法律

D371.23/1

米国共産派労働組合政策二十年史/満鉄.調查部編.—謄写版.—[不詳]:満鉄.調查部,昭和十四年[1939]

30 頁;26 cm

ソ連研究資料別輯,第十二号

该资料按年代顺序介绍了美国共产党劳动组合政策的 20 年的发展史。

D412.821/1

天津市同業公会調査/満鉄.天津事務所調査課編.—謄写版.—[天津]:[満鉄.天津事務所調査課],昭和十一年[1936]

11 頁;26 cm

天調資料,第二八号

该资料是对天津的银行、保险、兑换、典当、报关、汽车、纱厂、眼镜、玻璃、五金、药业、饭馆等同业公会的地址、主席任职、设立年、参加者等状况的调查内容。

D412.821/1-2

天津市同業公会調査(改訂)/満鉄.天津事務所調査課編.—謄写版.—[天津]:[満鉄.天津事務所調査課],昭和十二年[1937]

107 頁;25 cm

该资料是对天津的银行业、房产业、典当业、金银首饰业、转运业、保险业、棉业、轮船业、皮革业、染业、帽业、五金业、肥料业、米市、海货业、纸业、报业等同业公会的所在地、设立年、店名和代表者等的调查内容。

D5/56

アラビヤ地域と欧洲勢力/満鉄東亜経済調査局編.—東京:満鉄東亜経済調査局,昭

和十六年[1941]

213 頁:地図;22 cm

経済資料通巻,第二百

该书介绍了阿拉伯地区地域概况、政治概况、地域局势、英国对阿拉伯地区的政策以及阿拉伯地区的形势等方面的内容。

D5/89

東洋とソウェート聯邦/南満洲鉄道株式会社庶務部調査課編.—大阪:大阪毎日新聞社,東京:東京日日新聞社,昭和二年[1927]

166 頁:図表;23 cm

露亞経済調査叢書

该书介绍了前苏联的政策及其制定政策的依据、由第一次世界大战后产生的殖民地问题、中国及其他国家的民族解放运动的状况、中国和前苏联的关系、在亚洲的资本主义列国和它们之间相互的对立状况、亚洲的前途问题等方面的内容。

D5/90(10)

調査資料.第十輯,満洲特産物出廻ノ増加ニ就テ/南満洲鉄道株式会社総務部調査課編.—[不詳]:[南満洲鉄道株式会社総務部調査課],大正八年[1919]

3,39 頁;22 cm

该资料的主要介绍了中国东北日本占领区的特产交易情况;天津英租界自然区的房屋、建筑及居住等规程的草案;中国政党的现状;前苏联西伯利亚的概况等方面的内容。资料中附有近期图书、杂志等索引。

D6/9

支那の現状/大西齐著.—東京:朝日新聞社,昭和三年[1928]

6,318 頁;19 cm

该书介绍了中国与世界的环境状况、中国的旧政治的崩溃状况、共和政治的出现的现象、国民革命的开展情况、国民政府的设施及中国的国际关系和中国的财政、经济、思想,“满蒙”状况等方面出现的问题。书中涉及对“满铁”的介绍和对山东的农业等方面的介绍。

D6/99

支那研究:支那研究及研究機関に関する調査/野中時雄編.—上海:南満洲鉄道株式会社上海事務所研究室,昭和七年[1932]

177 頁;22 cm

上海滿鉄調查資料,第十一篇

该资料主要是欧美、法国等国家对中国的研究情况、有关中国历史的文献情况、上海自然科学研究所的成立及现状、中国研究机关及团体等方面的调查内容。

D6/110(2)

赤区諸問題評判. 中篇/滿鉄. 北支事務局調查部編. —謄写版. —[不詳]:[滿鉄. 北支事務局調查部],昭和十四年[1939]

124 頁;27 cm

该资料介绍了中国红色革命根据地的土地问题和社会各个阶层的状况。主要包括中国红色革命根据地的贫雇农阶层状况,根据地贫雇农的斗争纲领和主要任务,中农的概况,反富农斗争的意义及对其的分析,共产党军队和土地分配状况等方面的内容。

D6/111

占領地統治二関スル若干ノ資料/滿鉄. 産業部資料室調查班編. —謄写版. —[不詳]:[滿鉄. 産業部資料室調查班],昭和十二年[1937]

199 頁;27 cm

该资料主要包括日本侵略者对其占领地统治的方针;日军占领地机构如"辽东守备军"的设置、营口军政署的组织、"日德战争"中的军政府机关等概况;对日军占领地的立法、行政的介绍;对日军占领地中的维持治安情况、对居民居住及转移的限制、卫生事务、户口调查等方面的介绍;日军占领地如军纪内容、军纪法庭审判等的司法情况的介绍等方面的内容。资料中还介绍了"日德战争"中的青岛军政署的状况等内容。

D62/1

蒙彊政治組織ノ変革過程/滿鉄. 調查部編. —謄写版. —[不詳]:滿鉄. 調查部,昭和十四年[1939]

141 頁;27 cm

保 No. 314,調調法 8,丁資分 210—2,印 150

该资料主要介绍了"蒙疆"的政治特征、政治组织改革运动及成果、"蒙疆联合委员会"(注:1934 年在日本侵略者的策动下,在今内蒙古地区操纵成立的一个傀儡政权)成立及其作用等方面的内容。资料中附有当时"蒙疆"的各项法令、自制运动关系诸法令、"蒙疆"新政权关系诸法令等内容。

D63/4-3

満洲旧慣調査報告書前篇ノ内：皇産/松本豊三編．—3版．—東京：大同印書館，昭和十一年[1936]

1冊：地図；22 cm

该资料对“中国东北沦陷区”盛京户部官荘、盛京礼部官荘、工部官荘、三陵所属官地、窑柴官甸地的沿革、种类、所在地、组织、管理、负担、佃耕、开垦等方面作了调查，同时也对皇产的整理、皇产的性质作了介绍。附有皇产所在地一览图和参考书等。

D631.4/1

保定以南ニ戦線カ拡大セル場合ノ後方治安維持対策/満鉄．天津事務所調査課編．—謄写版．—[天津]：[満鉄．天津事務所調査課]，昭和十二年[1937]

26頁；26 cm

天変資；第七三号

该资料从维持治安的机关和组织、治安财政等方面介绍了日本侵占的保定以南战线治安对策。

D632.1/1

災害ニ依ル農民ノ離村帰村状況調査：於静海県東五里庄/北支事務局調査部農政係編．—謄写版．—[不詳]：[北支事務局調査部農政係]，昭和十四年[1939]

45頁；25 cm

该资料是对静海县东五里庄的地理位置、户数、人口、耕地、农作物、佃农关系、县城与天津的关系、具有同族关系、部落的概况、灾害概况、灾民等的调查内容。

D632.4/1

満洲労働者移動状況調査案/ハルビン鉄路局北満経済調査所．—謄写版．—ハルビン：ハルビン鉄路局北満経済調査所，康徳三年[1936]

5頁；26 cm

该书是对“伪满洲”的劳动者迁移状况的调查书，其中包括对“伪满洲”劳动者迁移的调查方法、调查范围、调查机关以及联络方法等内容。

D634/6(1)

華僑調査彙報．第一輯/伊藤武雄編．—上海：上海事務所，昭和十五年[1940]

254 頁;22 cm

満鉄調査研究資料,第十八編

该资料主要汇集了华侨的出入境情况、华侨工作状况、作为华侨汇款机关的"信局"的概况、中国在南洋贸易中香港的地位、转换期中泰国的概况等方面的内容。

D634.334.1/1

比律賓に於ける華僑/中島宗一著.—東京:満鉄東亜経済調査局,昭和十四年[1939]

1 册;23 cm

南洋華僑叢書,第三卷

索引が付け加わる

该资料调查了在菲律宾的华侨的历史、华侨的人口、华侨的特性、菲律宾针对华侨的政策、华侨的经济和贸易状况、华侨的社会状况、日本侵华对华侨的影响等方面。

D668/5

華北に於ける現存諸部落(自然村)の発生/国立北京大学農村経済研究所編.—[北京]:[国立北京大学農村経済研究所],民国 30 年[1941]

50 頁;23 cm

研究資料,第五号

该资料主要内容包括中国北部村落产生的时期及其形态、元末明初的社会状态和战乱情况、明末的兵乱及其对部落史的影响等方面。

D668/6

北支ニ於ケル外国人不動産権益実態調査實施ニ関スル連絡状況概要/満鉄.調査部編.—謄写版.—[不詳]:[満鉄.調査部],昭和十六年[1941]

33 頁;27 cm

保 No.524,調部附 18,丙資分 280—19,印 60

该资料为对中国北部的外国人物业权益的调查及实施情况的介绍。同时也介绍了在青岛如兴亚院办事处、青岛陆军和市公署的各联络站的情况等内容。

D672.5/1

嵐縣地方社会経済状況並に共産党工作概況調査報告/南満洲鉄道株式会社調査部編.—[不詳]:[南満洲鉄道株式会社調査部],[不詳]

2,60 頁;21 cm

该资料主要是对岚县的自然地理、社会构成的诸问题、商工业发展的诸问题、七七事变后对社会经济生活的影响状况及现阶段中国共产党的政策等方面的调查。

D681/1

北支事情総覧/南満洲鉄道株式会社総務部資料課編.—謄写版—[不詳]:[南満洲鉄道株式会社総務部資料課],[不詳]

392 頁;22 cm

该书介绍了中国北部的地理、交通、社会、政治、财政、金融、产业、资源、贸易及西方列国在华的利益等方面的内容。其中,还介绍了山东省煤矿和煤矿公司状况,青岛的棉纺织业状况,青岛港的对日贸易状况和主要输出品等有关山东和青岛方面的内容。

D693.79/2

入満労働者素質調査/大東公司青島事務所編.—謄写版.—[青島]:[大東公司青島事務所],昭和十二年[1937]

1 冊;28 cm

该资料是对劳工进入“伪满洲国”(注:1931 年日本侵略者扶持前清皇帝爱新觉罗·溥仪在东北建立的傀儡政权)的原因、家庭数量、本人与户主的关系、年龄、进入“伪满洲国”的方法、从事职业、所有耕地、教育程度、住房等方面的调查。

D73/3

南洋事情概説/満鉄.産業部編.—[不詳]:満鉄.産業部,昭和十二年[1937]

513 頁;25 cm

该资料是对日本与南洋的关系、南洋的民族和宗教、南洋的概况等方面的调查内容。

D731.3/78

調査部第四調査室業務要覧/南満洲鉄道株式会社編.—大連:南満洲鉄道株式会社,昭和十五年[1940]

44 頁;22 cm

该资料从沿革、业绩、分课规程、组织及人员、设备、经费、业务概要、图书及资料和标本方面介绍了日本“满铁”调查部第四调查室的业务状况。

D731.3/129

済南事件を中心として/小川雄三著.—済南:山東新報社,昭和三年[1928]

10,282 頁:地図,写真,題字;19 cm

该书主要介绍了第二次北伐战争期间日本对侵略山东的特殊规化,日本对山东出兵侵略问题的考察,“济南事件”(即“五三惨案”)在世界上的反响,“济南事件”和日本的出兵占领山东的策略等内容。

D731.3/160

大政翼替会第一回臨時中央協力会議/東京支社調查室編.—[東京]:[東京支社調查室],昭和十六年[1941]

53 頁;26 cm

東京時資四〇第六〇四号

该资料主要记录了该会议召开的目的和构成因素、会议日志、开幕式、本部及各局的活动方针说明、会议中提出的议案、闭幕式等内容。

D731.323/1

衆議院　貴族院/[東京支社調查課編].—謄写版.—[東京]:[東京支社調查課],昭和十八年[1943]

65 頁;27 cm

该资料对日本的众议院和贵族院的机构和作用做了介绍,并附有兑换交易调整、特别会计设置的介绍等内容。

D754.638/1

経済資料　第拾壱巻第弐号:伊太利移民の研究/[南滿洲鉄道株式会社東亜経済調查局].—東京:東亜経済調查局,大正十四年[1925]

2,132,19 頁;22 cm

経済資料,第拾壱巻第弐号

该资料对移民移居意大利的原因、意大利政府对移民投入的设施情况、意大利对移民的统计、意大利的国际借贷和移民汇款情况、美国及其他国家的移民状况、移民移居意大利的趋势等方面做了介绍,并附有意大利殖民的政策内容。

D816/4

英、波相互援助條約ヲ巡ル諸問題/調查部資料課.—謄写版.—[不詳]:調查部資料課,昭和十四年[1939]

15 頁;26 cm

该书介绍了围绕英国和波兰互助条约的诸多问题。主要包括英国对波兰保障的限度、前苏联对英国和波兰互助的态度、罗马尼亚对英国和波兰互助的态度、英国和波兰同盟以及两国的利害关系等方面的内容。另外,书中还附有德国、罗马尼亚的经济协定书。

D82/4

国際関係から見た支那/尾崎秀實著.—東京:第二国民会出版部,昭和十二年[1937]

2,3,261 頁;18 cm

该书主要介绍了西方列强对华的政策、西方列强的外交战、英国对华新政策、在中国北部西方列强的权力、日苏国防的概况、太平洋会议中有关中国的问题及中国与日本外交的变化等方面的内容。

D822.313.3/1

支那民間に流布さる支那指導原:日支合作に関する支那側の主張/興亜院華中連絡部.—謄写版.—[不詳]:興亜院華中連絡部,昭和十五年[1940]

62 頁;26 cm

華中連絡部調査報告シアリーズ,第四十三輯

该书介绍了在中国民间流传的日本对中国实施的各种侵略统治的方针、政策。

D829.12/6

外国租界ノ戦時関係ニ関スル一研究/[石川安ノ助]著.—謄写版.—[不詳]:[不詳],昭和十二年[1937]

1 冊;26 cm

该资料主要有设立租界的目的;战争期间各国租界的关系;专管国和领土国交战时、专管国同第三国交战时、领土国与第三国交战时、领土国内乱时各国租界的关系等方面的内容。

D829.13/1

滿洲國境問題/増田忠雄著.—東京:中央公論社,昭和十六年[1941]

3,2133 頁;18cm

该书由满铁弘报课编,主要介绍了“伪满洲国”的土地境界的发展过程,对西北部、北部、东部国境的的划定,签订的条约的产生过程,国境的发展和扩大等内容。

D851.2/2

ソ聯、フィンランドニ関スル資料/満鉄.上海事務所調査室編.—謄写版.—上海:満鉄.上海事務所調査室,昭和十五年[1940]

64頁;27 cm

该书收录了第二次世界大战中前苏联和芬兰冲突的相关资料,其中包括前苏联和芬兰冲突概况、国际反苏运动的情况以及作者的一些见解等内容。

D92-7/1(1)

冀東防共自治政府関係主要法令目録　第一輯/満鉄.産業部編.—謄写版.—[不詳]:[満鉄.産業部],昭和十一年[1936]

4,4,184頁:写真;18 cm

保No.236,産資調法16,丁資分220,印120

该资料为日本侵华时其在冀东地区制定的防共法令目录,主要是组织、产业、交通、财政、民政、军事、文教、司法、外事等方面的法令目录。

D922.16/1

商品検験関係法規/満鉄.天津事務所調査課編.—謄写版.—[天津]:[満鉄.天津事務所調査課],昭和十二年[1937]

29頁;26 cm

该资料主要集有商品检验法、商品检验费表、实业部商品检验局各商品检验施行细则目录、实业部商品检验局棉花检验实施细则、实业部天津商品检验局棉花检验补充办法等方面的资料。

D922.2/1(1)

中華民國産業関係法規集.第一輯:工業編/中島宗一著.—大連:南満洲鉄道株式会社,昭和十二年[1937]

6,194,6頁;22 cm

産業調査資料,第十四編

该法规主要为"中华民国"产业关系法规中的工业篇,主要涉及了对工人的奖励政策,关于技师的资格,工厂、组合、实验所及电气、劳动等方面的规则和章程。

D922.2/1(5)

中華民國産業関係法規集.第五輯:鉱業篇/水谷國一著.—大連:南満洲鉄道株式会社,昭和十三年[1938]

2,5,152 頁;22 cm

產業調査資料,第四十五編

该法规主要为"中华民国"产业关系法规中的矿业篇,主要为针对矿业方面的行政组织、采矿、地质调查、奖励、监督及警察、税项等相关法规和章程。

D922.2/1(7)

中華民國産業関係法規集.第七輯:土地篇/水谷國一著.—大連:南滿洲鉄道株式会社,昭和十四年[1939]

6,263 頁;22 cm

滿鉄調査研究資料,第四編

该辑主要包含"中华民国"的行政组织、土地关系、开垦关系、森林关系、河川关系等方面的法则和法规。

D922.209/1

大東亜戦後中南支ニ於ケル通貨金融関係法令布告集/滿鉄.上海事務所調査室編.—謄写版.—[上海]:[滿鉄.上海事務所調査室];昭和十七年[1932]

1 冊;27 cm

保 No.382,上調 11,丁資分 280—42,印 100

该资料主要集有华中、华南地区军票的财务发布情况、新旧法币兑换停止的储备银告示、全面兑换的财务部声明、1942 年金融安定公债条例、禁用旧币的办法、广东省及厦门市全面兑换币制的财政部布告等内容。

D922.221.1/1(3)

支那海関總税務司訓令集.第三輯/南滿洲鉄道株式会社産業部編.—[不詳]:[南滿洲鉄道株式会社産業部],[不詳]

782 頁;23 cm

该资料主要集有中国海关的常关、收税署、通关业者、海关惯例的疑义决定、兼掌行政等方面的训令。

D922.221.1/1(4)

支那海関總税務司訓令集.第四輯/南滿洲鉄道株式会社産業部編.—[不詳]:[南滿洲鉄道株式会社産業部],[不詳]

929 頁;23 cm

该资料主要有中国海关出口产品、出口禁品、出口税率、出口特殊手续、再出口产品、原产地证明书等方面的训令。

D922.221.1/1

支那海関總税務司訓令集.第六辑/[南满洲鉄道株式会社産業部]編.—[不詳]:南滿洲鉄道株式会社産業部,[不詳]

5,1160 頁;23cm

该书为中国总税务司训令集第六辑。主要为军用物品、麻药类等物品的通关规则。

D922.221.1/1(9)

支那海関總税務司訓令集.第九輯/[南滿洲鉄道株式会社産業部]編.—[不詳]:南滿洲鉄道株式会社産業部,[不詳]

6,746 頁:表;23 cm

该资料主要是船舶行政方面的训令集。主要有船舶的进出港、船舶的取缔、内水航行、关于船舶的疑义决议等内容。

D922.221.1/1(10)

支那海関總税務司訓令集.第十輯/南滿洲鉄道株式会社産業部編.—[不詳]:南滿洲鉄道株式会社産業部,[不詳]

772 頁:表;23 cm

该书是对港湾规则、航路、秘密运输及货物取缔规则、秘密运输时间的处理、海关邮政规则、邮税、邮政运输的手续及协定等方面的介绍。

D922.29/2

華北交通株式会社鉄道貨物運送規則竝同補則(日文)/華北交通株式会社編.—[不詳]:華北交通株式会社,昭和十六年[1941]

1 冊:図表,地図;22 cm

该书是由华北交通股份有限公司编写的铁道货物运送规则及其补充规则。具体介绍了货物运送的总则,货物的提取通则,受托、运送、指定、事故处理,运费及收费、运费的计算、费用的计算、运费和费用的收受情况等货物运送规则及其补充。书后附有货物等级表、危险品包装表、货物运送率表、货物计费表、货物营运里程表等图表。在货物营运里程表中,附有从青岛到济南的胶济干线的货物营运里程的图表,其中详细标注了青岛、青岛码头、四方、城阳、胶东、蓝村、沧口等站的货物营运里程。

D922.294/2

大東亜戦後中支ニ於ケル物価関係法令談話集/満鉄.上海事務所調査室編.—謄写版.—[上海]:[満鉄.上海事務所調査室],昭和十七年[1932]

11頁;27 cm

保No.385,上調14,丁資分230—9,印100

该资料主要集日本侵略者为防止中国人民的反抗而制定的暴力行为取缔规则、平抑物价临时办法、物价调整紧急办法、平定物价暂时条例、取缔私抬物价暂行条例、江苏省物资限价执行暂行办法等相关条例。

D922.62/1

中国民国鉱業法:事項見出及参照条文附/満鉄.調査部編.—謄写版.—[不詳]:[満鉄.調査部],昭和十三年[1938]

37頁;27 cm

保No.89,調調法3,丁資分230—2,印10,増100

该资料主要集有“中华民国”矿业法总则,矿业权、国营矿业、小矿业、土地使用、矿税、矿业监督等法则和附则等内容。

D927/2—3

满洲旧慣調査報告書后篇第二卷:押ノ習慣/松本豊三編.—3版.—東京:大同印書館,昭和十一年[1936]

2,76,36頁;22 cm

该资料是对中国东北沦陷区抵押行业的意义及名称、抵押业的成立的目的、抵押的物体、抵押的限制、抵押价及利息、抵押的效力及性质、转押等的调查内容。

D927.22/1(1)

中華民國各省市単行法規集.第一輯,河北省ノ部/水谷國一著.—大連:南滿洲鉄道株式会社,昭和十五年[1940]

12,334頁;22 cm

该法规集主要为河北省的官制、官规、治安、司法、警务、村政、教育、财政、金融、工商、交通、林矿、农事、河务、社会、禁烟等方面的章程和条例。

D927.24/1

華北食糧統制関係規則及佈告集/華北綜合調査研究所編.—謄写版.—[不詳]:[華北綜合調査研究所],[不詳]

67 頁;27 cm

该资料主要包括华北物资物价处理委员会组织规程、华北各省市粮食管理分局组织规则、采运社规则等规则及中国北部经济统制搅乱治罪条例等公告。

D927.25/1

華北労工協会ノ設立ト労働統制/社会局厚生科編.—謄写版.—[不詳]:[社会局厚生科],民国28年[1939]

15 頁;27 cm

该资料主要有华北劳工协会成立的目的、机构、事业等概况,同时也介绍了劳动统制法及其实施规则等内容。

D927.512.1/1

上海市行政組織ニ関スル法規/満鉄.産業部編.—謄写版.—[不詳]:[不詳],昭和十二年[1937]

156 頁;26 cm

保 No.1578,産資調法 58,丁資分 341.5,印 80

该资料为"民国"时期上海市的法规的汇集,主要包括上海市政府组织规则、市组织法、市参议会组织法、特别市组织法、市参议院宣告丧失资格程序暂行规定等内容。

D928/1

満鉄関係会社定款集/山岸守永著.—大連:南満洲鉄道株式会社,昭和十三年[1938]

10,403 頁;22 cm

産業調査資料,第四十編

该资料主要包括中国东北沦陷区的电信、石油、矿业、火药、林业、盐业、媒体、航空、交通运输及仓库、工业、土地建筑及土木、旅馆等方面的定款及协定。

D951.2/1(1)

ソウェート政府の民族政策に関する法則集成　第一巻/南満洲鉄道株式会社庶務部調査課編.—大阪:大阪每日新聞社,東京:東京日日新聞社,昭和五年[1930]

249 頁;23 cm

露亞経済調査叢書

该法规集成主要包括前苏联各民族的权力的声明,政府的设施报告中各种法规,宪法的内容,前苏联的各自治共和国及其组织、构成和地域等内容。

D951.2/1(2)

ソウェート政府の民族政策に関する法則集成　第二巻/南満洲鉄道株式会社庶務部調査課編.—大阪:大阪毎日新聞社,東京:東京日日新聞社,昭和五年[1930]

285頁;23 cm

露亞経済調査叢書

该法规集成主要包括前苏联的行政变更、劳动及社会辅助、土地问题、教育、保健、司法、家族法及工业商业以及公共事业法等方面的内容。

D951.2/1(3)

ソウェート政府の民族政策に関する法則集成　第三巻/南満洲鉄道株式会社庶務部調査課編.—大阪:大阪毎日新聞社,東京:東京日日新聞社,昭和五年[1930]

242頁;23 cm

露亞経済調査叢書

该法规集成主要包括前苏联的财政、运输及通信、国防及其他法规,同时附有行政变更、劳动及社会扶助、土地、教育、保险、司法、工业、商业、公共事业、财政、贷款、法则的补遗等内容。

D951.223/1

労農露国土地法の研究/南満洲鉄道株式会社庶務部調査課編.—大阪:大阪毎日新聞社,東京:東京日日新聞社,昭和二年[1927]

403頁;23 cm

露亞経済調査叢書

该书对前苏联的土地法、土地法颁布前土地的所有权、前苏联革命前的土地制度、革命土地分配的理论和实际情况、农业合同、新经济政策、土地法典、土地的法律分类、土地使用权的内容、土地团体、土地使用制度、土地整理、土地裁判、国有土地财产、森林法的基础内容等作了调查研究。

D971.2/2

米国ノ中立維持法ニ就テ/満鉄.産業部編.—謄写版.—[不詳]:満鉄.産業部,昭和十二年[1937]

17頁;25 cm

保 No.1284,産資調20,丁資分280

该资料介绍了美国的外交中立维持法。其中有七七事变与美国的态度,美国中立维持法的沿革,如中立维持法的创定、中立维持法在西班牙内乱中的应用、泛美国会议中中立政策的决定、第二次修正法等内容。

D998/1

在支邦人企業の国籍ニ関スル意見書/北支事務局調査部編. —謄写版. —[不詳]:[北支事務局調査部],昭和十三年[1938]

12 頁;26 cm

保 No. 158,北調法 14,丙資分 239.7

该资料是日本侵华时在驻中国企业的日本人国籍问题的意见书。

E 军事

E565.9/1

一九一四年ヨリ一九一八年ニ亘ル白國戦線ニ於ケル氾濫ノ研究/満鉄. 産業部編. —謄写版. —[不詳]:[満鉄. 産業部],昭和十二年[1937]

64 頁;27 cm

该资料介绍的是1914～1918年在沙俄战线上的各河流的泛滥、工事、堰堤建筑等状况的调查内容。

F 经济

F12/21

支那. 満洲経済研究/東亜経済調査部編. —東京:改造社,昭和十二年[1937]

8,366 頁;18 cm

该书是由东亚经济调查局编。主要介绍了对中国和"伪满洲国"的资源、产业、金融及财政、经济活动、开发状态、原料和贸易等方面的研究。书中涉及了青岛的工厂的概况。

F12/87

事変後に於ける中支占領地区商品流通事情/伊藤武雄編. —上海:南満洲鉄道株式会社上海事務所,昭和十四年[1939]

4,2,4,622 頁:表;22 cm

上海満鉄調査資料,第二十三編

極密

该资料介绍的是华中被日本侵占地区的经济概况。内容主要包括由于日本的侵略所造成的交通、农村、商业金融机关、工业等方面的破坏和经济的改变,长江三角洲地区的运输状态,南京、苏州、无锡等日本侵占区的贸易、运输等经济情况。

F12/88-4

北支那経済総観/南満洲鉄道株式会社産業部編. —4 版. —東京:日本評論社,昭和十四年[1939]

2,9,636,82 頁;22 cm

该书是由南满洲铁道株式会社编写,介绍了华北的经济状况。主要叙述了中国的政治和社会状态,以华北为中心的国际关系,华北对日的经济关系,华北的农业、畜产业、渔业、矿业、工业生产及流通状况,华北的交通、商业、贸易、金融及通货、财政等状况。书中在上述方面都涉及了青岛。

F12/97(2)

北支農村概況調査報告. 二,泰安縣第一区下西隅鄉澇窪莊/水谷國一著. —大連:南満洲鉄道株式会社,昭和十五年[1940]

10,211 頁:図表,写真;23 cm

北支調査資料第十五輯,満鉄調査研究資料第十九編

该资料是对山东泰安第一区下西隅乡涝洼庄自然条件、面积及户口、沿革及行政、交通及通讯、产业、金融、村庄概况、农舍及农具、农耕事情、农作物的耕作面积及生产等方面的调查内容。

F12/113

北支主要都市一般経済概況/満鉄北支事務局編. —謄写版. —[不詳]:満鉄北支事務局,[不詳]

648 頁:図表;26 cm

该资料是由"满铁"华北事务局所编写的关于中国北部主要城市的经济概况。主要就一般经济情况和商品流通情况进行了叙述。该资料在一般经济情况章节中,主要介绍了华北的经济、商业机关、金融货币等状况。在商品流通情况章节中,介绍了棉花、羊毛、钢铁、鲜鸡蛋和鸡蛋加工、棉丝布、面粉、猪毛、核桃、石油、兽皮、麻、白糖、粮谷、盐、木材、汽车及其部件、自行车及其部件、护膜制品、纺织机械、人造染料、米及谷壳、棉花、捕获的鱼及其海产品、火柴、茶叶等方面的生产和流通情况。山东省的济南和青岛市为该书第一次的调查地点。该书附有铁道及轨道资料、中国北部磨坊及其自家用的小麦消费量的推测、中国北部最多的制粉原料——小麦的供求状况、关于河北省东部的贸易状况等资料。

F12/114—6

北支那経済綜觀/南満洲鉄道株式会社産業部著. —6 版. —東京:日本評論社,昭和十

五年[1940]

3,9,638,82 頁:地図,図表;22 cm

附録が付け加わる

该书主要就中国北部的经济概况和生产流通进行了叙述。在概况章节里,具体介绍了中国北部的政治社会、国际关系。在政治及社会章节中,介绍了中国北部政局的发展及其特质、中国北部的政治社会机构、七七事变之前中国北部的政局等方面。在国际关系章节中,介绍了以中国北部为中心的中国国际关系概况、西方列强在中国北部的权益等内容。在生产及流通章节中,对华北的农业、畜产业、水产业、渔业、矿业、工业、交通、商业、贸易、金融通货、财政等方面进行了介绍。同时也就山东省的盐田和渔业等方面进行了介绍。该书附有中国北部经济统计和"中华民国"铁路全图。

F12/115

蒙彊建設三年計画概要/蒙古聯合自治政府編. —謄写版—[不詳]:蒙古聯合自治政府,民国 28 年[1939]

92 頁:図表;25 cm

该书为"蒙疆联合自治政府"(注:日本侵略者于 1939～1945 年间在今内蒙古中部操纵成立的一个傀儡政权)的三年经济政治计划。对"蒙疆"三年内的警力、铁路、汽车、水运、道路、通信、航空、防空、气象、打井事项、军用动物及车辆、军用犬、卫生等进行了详细的叙述。

F12/116

内地ノ北支調査団ニ対スル参考書/満鉄. 産業部編. —謄写版. —[不詳]:[満鉄. 産業部],昭和十二年[1937]

135 頁;27 cm

保 No. 1608,産商商 84,丁資分 302,印 50

该资料是针对中国内地的调查团的参考书。主要介绍了棉布及其他十种商品在中国北部的进口状况、棉花及其他六种商品在中国北部的资源及其出口状况、中国北部贸易商品的运输通关以及河北东部的贸易状况、中国北部东部的现状及未来发展状况、在中国北部的日本人的投资状况、关于中国北部及其他可发展的资源及与之相关企业状况等内容。该书在棉布及其他十种商品章节中,具体介绍了棉布、纺织品、棉制品、毛织品、陶瓷器、自行车、电器制品、钟表、木材薄板及杂货等商品的贸易情况。在棉花及其他六种商品章节中,具体介绍了棉花、羊毛、纸浆、煤炭、饲料、杂粮等商品的贸易情况。

F12/117

昭和十六度北支経済関係事業計画/興亜院華北連絡部編. —謄写版. —[不詳]:[不詳],昭和十五年[1940]

59 頁:図表;27 cm

该资料系兴亚院华北联络部编写的1941年中国北部经济关系事业计划。本计划主要分一般要领、企业关系、农业关系、畜产关系、矿山关系、盐业关系、华北交通公司关系、航空关系等内容。

F12/118

蒙彊産業経済三箇年計画/蒙彊産業経済三箇年計画編. —謄写版. —[不詳]:蒙彊聯合委員会,昭和十四年[1939]

24 頁:図表;25 cm

该书介绍的是“蒙疆联合自治政府”产业经济的三年计划,简述了矿产中的煤炭、铁矿、工业用水泥、液化气、电力、羊毛等产品的生产目标,铁路、汽车等交通方面的计划,以及通信的资金、人员的安排等计划。

F12/119

蒙彊建設三ヶ年計画(資金関係)/蒙古聯合自治政府編. —謄写版. —[不詳]:蒙古聯合自治政府,民国28年[1939]

13 頁:図表;25 cm

该书介绍的是“蒙疆联合自治政府”资金三年计划,介绍了公司收支、增资和贷款额情况、设立准备、公司资金情况、期望设立公司的收支情况等内容。

F12/120

調査實施計画/北満経済調査所編. —謄写版. —[不詳]:北満経済調査所,昭和十五年[1940]

47 頁;25 cm

该书介绍了此次调查的目的、既往的调查经过、现有的资料和调查内容、现在的问题所在、调查研究过程中的各种计划、未来的计划等内容。

F12/121

北満特殊地帯綜合開発事業計画案/満鉄. 北満経済調査所編. —謄写版. —[不詳]:満鉄. 北満経済調査所,昭和十二年[1937]

78 頁:図表;25 cm

该资料主要为日本侵略者对东北沦陷区的开发计划，其中包括此地带开发的目的和意义、事业计划大纲、开发计划的要领、移民事业计划要领、移民资金计划要领、开垦事业计划要领、组合及共同产业实施计划要领、移民营农计划要领、移民营农资金计划、与移民设定相关的核算、工场设定计划要领等方面的内容。

F12/122

滿洲産業開發五年計書網要：關東軍司令部昭二、二、一/経済調查委員會編. —[不詳]:[不詳]，昭和十一年[1936]

54 頁;27 cm

保 No. 101，経調委 1，乙立分 303，印 40

该计划主要从方针、开发目标、所需经费和资金、开发方法等方面记录日本侵略者对东北沦陷区产业的开发掠夺计划和纲领。

F12/123

滿洲產業開発永年計画案/滿鉄. 経済調查会編. —謄写版. —[不詳]:[滿鉄. 経済調查会]，昭和十一年[1936]

189 頁;27 cm

保 No. 1832. 3，乙立分一 303，印一 70

该计划方案从基本方针，对交通部门、工矿部门、金融、商业部门的企业的政策，对土地、可耕地和未耕地的开发，行政机构的改革及农业政策、移民政策、产业开发资金等方面的计划等来说明对东北沦陷区的产业开发。

F12/124

蒙彊経済ノ現段階：国際収支ノ観点ヨリ/滿鉄. 張家口経済調查所編. —謄写版. —張家口：[滿鉄. 張家口経済調查所]，昭和十六年[1941]

36 頁;35 cm

该资料调查的是“伪蒙疆”(注：第二次世界大战期间日本法西斯势力在内蒙古建立的一个傀儡政权)经济状况对国际收支的的影响、国际收支恶化的原因和影响等方面的内容，并附有粮谷收获配给纲要。

F12/125

蒙彊経済ノ現段階：蒙彊インフレーシヨン調查中間報告/滿鉄. 張家口経済調查所編. —謄写版. —張家口：[滿鉄. 張家口経済調查所]，昭和十五年[1940]

75 頁;26 cm

该调查报告主要有以下内容：七七事变前“伪蒙疆”的经济和特点、七七事变后的“伪蒙疆”的变革过程和对日本的从属化、“伪蒙疆”配给机关的配制和价格统制、“伪蒙疆”贸易的构成及其统制、对蒙投资的现状意义和作用等。

F12/126

事変前事変後蒙彊ノ経済トソの性格/満鉄.張家口経済調査所編.—謄写版.—[張家口]:[満鉄.張家口経済調査所],[不詳]

31頁;27 cm

该资料为七七事变前后“伪蒙疆”的经济概要。主要调查了“伪蒙疆”的产业资本、“伪蒙疆”商业资本的发展和殖民地的生成及“伪蒙疆”的贸易和西北的贸易概况，同时也调查了“伪蒙疆”流通部门的战时经济的统制状况、国防产业设施的扩充状况、地下资源和国防的开发状况、轻工业资本的逐步导入、导出等方面的情况。

F12/127(1)

北支経済動向.第一号/満鉄北支経済調査所編.—謄写版.—[不詳]:[満鉄北支経済調査所],昭和十七年[1942]

121頁;24 cm

该资料是对第二次世界大战后中国北部经济面临的问题，中国北部政治经济状况，金融、物价、贸易、市场等部门的经济动向等内容做的调查。并对华北、华中地区的经济关系进行了预测。书中附有当时中国北部的物价统计表。

F12/128

満洲産業開発永年計画案　大鋼/満鉄経済調査会編.—謄写版.—[不詳]:[満鉄経済調査会],昭和十一年[1936]

33頁;27 cm

保(改)— 1823.2,乙立分— 303,印— 70

该计划主要有日本侵略者对东北沦陷区产业开发的基本方针、企业对策、农业政策、农业移民政策、产业开发资金计划等内容。

F12/129

冀朝鼎支那戦時経済の発展/東京支社調査室編.—謄写版.—[東京]:[東京支社調査室],昭和十五年[1940]

108頁;27 cm:附録

该资料的主要介绍了工业奖励法令;对特殊工业的政府奖励的规定;含农业、矿业及商业的展示管理的诸规定;国家资源会组成的法律;农场信用局构成法;战时进口商品的诸项规定;战时价格表;中国战时财政状况;中国的经济的基础等内容。

F12/130

冀朝鼎支那戦時経済の発展(未定訳稿)/東京支社調査室編.—謄写版.—[東京]:[東京支社調査室],昭和十五年[1940]

199 頁;26 cm

该资料主要阐述了中国西南、西北地区的资源和工业的发展,运输和交通,外国贸易和兑换统制概况,战后中国经济发展的问题等内容。

F12/131

昭和十三年度二於ケル第二次移民団千振協拓組合ノ歳入歳出予算書/満鉄.北満経済調査所編.—謄写版.—[不詳]:[満鉄.北満経済調査所],昭和十三年[1938]

22 頁;26 cm

北経経済資料,第一〇三号

该资料记录了对1938年日本第二次移民团“千振协拓组合”的事务费、会议费、出差费、杂费等的支出状况和对羊毛、毛皮等的收入费状况做的预算情况。

F12-54/2(1933)

満洲経済年報:一九三三年版/満鐵経済調査会編.—東京:改造社,昭和八年[1933]

13,733 頁;22cm

该年报主要汇集了对“伪满洲”经济的考察过程,“伪满洲”经济的机构状况,“伪满洲”同日本的关系,“伪满洲”经济的对外关系,“伪满洲”的经济中存在的恐慌现象,“伪满洲”同日本统制经济的各种问题,“伪满洲”当前经济的诸问题,“伪满洲”的面积、人口投资生产、流通等各种论述。书中附“伪满洲”重要经济日志。

F12-54/4(1941)

満洲経済研究年報:昭和十六年版/満鉄調査部編.—東京:改造社,昭和十六年[1941]

2,1,432 頁;22 cm

该年报主要有对“伪满洲国”的农产品价格公定制的研究、对“伪满洲国”北部农业机构再编程的研究、“伪满洲国”北部机械大农经营的概况、“伪满洲国”北部雇农的性质、“伪满洲国”水稻耕作历史、“伪满洲国”纺织业的各种问题等方面的内容。

F12-54/8(1940)

支那経済年報:昭和十五年版/満鉄調査部編.—東京:改造社,昭和十五年[1940]

4,8,722,28 頁:地図,図表;22 cm

附録が付け加わる

该书主要记录了中国北部政治经济再建诸问题、华中地区政治经济再建诸问题、抗日战争时期的中国政治经济等内容。其中在抗日战争时期的中国政治经济的内容中,就中国战时体制的特质、内地农业建设和农民的状态、内地工矿业建设的状态、根据战时贸易国营化而再编制的商业机构、战时交通建设的主要动向、现阶段战时财政的通货膨胀的特质、抗战时期中国的内政、西方列强的远东政策等方面进行了介绍。同时也对有关日本侵略山东省采取的军事行动等方面进行了介绍。书中还附有"中华民国"略图和主要战时法规概要。

F12-54/10(1939)

满洲経済年報:昭和十四年版/満鉄調査部編.—謄写版.—東京:改造社,昭和十四年[1939]

6,410,43 頁;22 cm

该期年报主要汇集了第二次世界大战时中国、日本的经济发展概况,东北沦陷区工业、农业、交通、商业、金融、财政、劳动诸多部门的概况及这些行业的生产局面、机构及发展动向,东北沦陷区的经济统计等方面的情况。同时也汇集了经济、财政、行政关系的相关法令的介绍。

F12-66/1

経済一般/青島商工会議所編.—[不詳]:[不詳],[不詳]

1 冊;22cm

该资料为青岛日本商工会议所编。主要记录了华北的经济问题,主要有华北的财政状况、陕西省的产业和贸易概况,对山西省互传测量的报告书,山东地方的黄河水灾状况,归绥县、包头的经济事情等内容。书中涉及青岛港的关税等方面。

F12—66/2

北支那産業統計提要/北支経済調査所編.—大連:南満洲鉄道株式会社調査部,[不詳]

119 頁;26cm

该资料是对华北的面积、户口、劳动者数、农业、畜产、林业、渔业、矿业、盐业、工业、等诸多方面进行的调查统计。其中涉及了青岛渔业、盐业、工业等多项的劳动者数、工资等方面的统计。

F12-66/4(5)

北支経済統計季報.第5號/押川一郎編.—北京:南滿洲鐵道株式會社北支経済調查所,昭和十四年[1939]

194頁:図表;26 cm

该季报内容涉及了中国北部的金融、物价、贸易、劳动人口、主要经济指标等方面的统计。书中也包括了青岛批发物价指数,青岛棉丝、小麦粉、花生的贸易情况,青岛鱼类的出产值,青岛的国际贸易状况等内容。

F12-66/4(9)

北支経済統計季報 9/押川一郎编.—北京:南満洲鉄道株式会社,北支経済調査所,昭和十五年[1940]

100頁:図表;26 cm

该资料主要对中国北部的经济总况、金融、物价、交易、仓库、贸易、人口、劳务和日资公司等方面做的统计。资料在经济总况章节中,统计了中国北部经济主要指标,货币发行量,天津外汇交易行情,主要国家批发物价指数,天津批发物价指数,中国的贸易状况,天津贸易集团情况。在金融章节中,统计了纸币发行量、金银块汇率、外汇市价、"伪蒙疆"银行货币发行量、"伪蒙疆"银行主要账目情况、"伪蒙疆"内银行的存款及贷款情况。在物价统计章节中,有重要城市不同批发物品的物价指数、重要城市不同零售品的物价指数、天津重要商品市价情况。在交易统计章节中,统计了天津的股价,天津重要商品的交易量,青岛的棉纱、棉布、花生交易情况,青岛鲜鱼、咸鱼的营业额等方面。在仓库统计章节中,统计了天津主要商品的库存量,山东青岛的花生油、棉籽库存量,企业的仓库库存量,并详细介绍了作为中国北部的重要港口青岛港。在贸易统计章节中,统计了贸易的总概况、国内外贸易的状况、船舶的状况。在人口统计章节中,介绍了中国北部的主要城市的在驻日本人情况,华北六大都市中的中国人户口状况。在中国北部各个主要城市的在华日本人章节中,提及了青岛市和青州市等地的日本人情况。在劳务统计章节中,统计了在东北沦陷区打工的劳动者数量,劳动者的不同职业、不同年龄、不同户籍、不同证书发放地、劳动者的不同去向的情况,中国北部主要城市的工资情况,并以济南和青岛为例介绍了中国北部主要城市劳工的工资情况。在日资公司篇中,介绍了日资公司数量及现在的资本量、公司不同的资本业务的总括、股份公司的不同的资本业务的总括、公司新设的增加资金情况、公司的解散减资情况和公司的变动情况。该书还附有中国北部经济指标图。

F12-66/5(3)

中南支経済統計季報　第3号/上海事務所調査室編.—上海:上海事務所調査室,昭和十六年[1941]

283頁:図表;26 cm

该书为中国的华中和华南地区的经济统计季报,主要介绍了这些地区的金融、财政、物价、贸易、船舶、生产、人口状况、在上海的日本人的公司情况、对这些地区经济的调查研究等内容。

F12-7/1

立案調査書類目録/満鉄.経済調査会編.—謄写版.—[不詳]:[満鉄.経済調査会],昭和十一年[1936]

72頁;27 cm

保No.121;丁資分一041;印一120

该资料主要为经济调查会拟定的调查书类及汇集资料类目录,主要分为总记、地志、政治、经济、交通、文化、美术、工学、自然科学等类目。

F12-7/1(5)

立案調査書類目録　第五輯/満鉄.産業部編.—謄写版.—[不詳]:[満鉄.産業部],昭和十三年[1938]

89頁;27 cm

保No.583.4;庶庶庶9;丁資分031;印100

该调查书在分类目录中,有总记、政治、经济、产业含矿业、工业、农业、畜产业、水产业、林业、商业、贸易等、交通、文化等类目的文献目录;在发行所的目录中,有商工课、农村课、矿业课、交通课、地质调查所等产业部门、经济调查委员会、上海事务所、铁道总局等出版发行的目录。

F125.3/1(2)

中支慣行調査参考資料.第二輯/宮本通治編.—上海:南満洲鉄道株式会社調査部,昭和十七年[1942]

8,339頁:表;22 cm

満鉄調査研究資料,第五十一編,上海満鉄調査資料,第五十四編

该资料是针对苏州、盛泽、南通、无锡、镇江、杭州等华中地区惯行的条约、章程、工厂商号、公会、市场等做调查的参考资料。

F125.3/1(3)

中支慣行調查参考資料.第三輯/宫本通治編.—上海:南滿洲鉄道株式会社調查部,昭和十八年[1943]

8,332 頁:表;22 cm

滿鉄調查研究資料,第六十九編;上海滿鉄調查資料,第五十五編

该资料针对杭州、上海、宁波、苏州、扬州、常州、南京、芜湖等华中地区惯行的条约章程、工厂、商号、公会、市场等做调查的参考资料,并附有合股合同、红账等文件。

F126/1

冀東地区楽亭縣桑園農村調查/滿鉄.天津事務所調查課編.—謄写版.—[天津]:[滿鉄.天津事務所調查課],昭和十一年[1936]

32 頁;27 cm

天調資料,第二十七号

该资料是对冀东地区乐亭县桑园的农村人口状况、土地问题和佃户关系、农业经营和土地利用情况、农业劳动者和雇用习惯、农村金融和农产物市场状况、农村自卫和教育状况等方面调查内容。

F126.12/1

東亜共栄圏ノ油脂資源ト滿洲大豆(極秘):資源開発研究会報告書其三/滿鉄.調查部編.—謄写版.—[不詳]:[滿鉄.調查部],昭和十七年[1942]

89 頁:地図;25 cm

保 No.585,調總務 2,調總務 2,乙資分 330,印 120

该资料是油脂和大豆资源的调查资料。主要有油脂资源的生产概况、油脂类的特质、日本从东南亚进口的油脂类大豆及其对中国市场的影响、大豆的经济意义等内容。

F127/3

滿洲國策会社綜合要覽/河村清編.—新京:滿洲事情案内所,康德六年[1939]

4,282 頁;22 cm

该资料记录了"伪满洲国"的银行、保险、商业、交通、通信、矿业、工业、机械和器具工业、化学工业、电气业、报业和文化业等的所在地、代表者、设立年份、资金、出资关系、决算期等方面的内容。

F127.1/1

北京地区経済調查/[不詳].—[不詳]:[不詳],[不詳]

7,251 頁;26 cm

该资料是对北京地区经济概况的调查内容。具体调查了北京的商业机关概况,北京的市场及交易机构、交易习惯和交易状况,北京的金融、面粉、粮谷、棉丝布、煤炭、盐、纸、砂糖、火柴、钢材、汽车及配件、木材及纺织机械等产业的供需状况、流通途径、价格等方面。

F127.21/1

天津経済概況/北支経済調査所長編.—謄写版.—[不詳]:北支経済調査所長編,昭和十五年[1940]

648 頁:図表;26 cm

附石門・済南農作概況

该资料是对天津市的概况、农作物生产状况和当年6月份市场的行情的调查和对日本侵华后对各物资供需的影响的分析。同时也介绍了石门和济南的小麦、棉花和其他杂粮的生产情况及农作物的市场流通情况。该书还附有石门和济南的农作物概况介绍。

F127.21/2(1)

天津都市計画会議事録.第一回/満鉄.北支事務局調査室編.—謄写版.—[不詳]:満鉄.北支事務局調査室,昭和十三年[1938]

6 頁;27 cm

保 No.115,北調道 7,乙立分 230,印 40

该会议录主要记录了天津都市计划会议召开的时间、场所、列席者、议事等内容。

F127.21/3

天津経済事情/南満洲鉄道株式会社　天津事務所業務課編.—謄写版.—天津:天津事務所,昭和十二年[1937]

78 頁;22 cm

该资料主要介绍了天津的历史、位置、气候、面积、人口状况,天津港与中国北部经济的关系,中国北部经济的特殊性,天津的纤维、化学、饮食料品等工业概况和工业条件,天津贸易的现状,天津的商工团体、关税、通货、金融机关、交通及通信等状况的调查内容。

F127.23/1

熱河省経済の現状と其の将来:主として赤峰、建平、凌源縣を中心として/満鉄経済

調查会編.—謄写版.—大連:濟洲文化協会,昭和八年[1933]

2,36頁;22 cm

熱河資源調查報告其一

该书是对以热河省(注:是中国旧行政区划的省份之一,位于目前河北省、辽宁省和内蒙古自治区交界地带)的赤峰、建平、凌源县等地为主的经济现状和发展的调查内容。主要包括耕地荒芜的原因、农民的逃亡的原因及逃亡者的方向、农业的自然条件、农产物及其收获量、农民的耕作状况、佃户和劳动工资、罂粟的栽培及其意义、热河省的人口问题、畜牧的副业化、苛捐杂税的累加、热河票的跌落和农业金融的低迷问题、农家的借贷制度、热河省的基督教、商铺减少的原因、交通手段、商业金融缺乏的原因、现代工业缺乏的原因、经济资源及热河省重要的国防地位等内容。

F127.25/1

山西省経済政策ノ批判/満鉄.天津事務所調查課編.—謄写版.—[天津]:満鉄.天津事務所,昭和十一年[1936]

12頁;26 cm

天調資料,第二四号

该资料的主要内容是对山西省的商业、金融、农村经济铁路运输的十年计划的批判性的论述。

F127.25/2

山西省の産業と貿易概況/南満洲鉄道株式会社天津事務所調查課編.—天津:南満洲鉄道株式会社天津事務所調查課,昭和十一年[1936]

87頁;図表;22 cm

北支経済資料,第二輯

该书主要介绍了山西省的产业和贸易等经济概况,同时也介绍了山西省内农产品、林产物、畜牧业物、矿产等物资状况和输出品情况,省内铁工业、纤维工业、制粉工业、手工业等加工品情况,向外省的输出和输入品的交易运输途径等内容。书中附有山西省经济建设单位、山西省矿业、山西财政金融以及山西省交通等相关资料。

F127.25/3

青島都市竝港湾計画調查報告.二/満鉄·調查部編.—[不詳]:[満鉄·調查部],[不詳]

47頁;26 cm

该资料是由日本"满铁"调查部编写的关于对青岛都市及港湾计划的调查报告。调查报告主要介绍了青岛的未开垦耕地的总面积;农作物种植和畜产饲养状况;青岛的渔港状况和矿产状况。在未开垦耕地的总面积篇中,分析了耕地面积增加的趋势。在农作物篇中,分别介绍了粮食作物和经济作物种植状况,也介绍了青岛出口的农作物情况和青岛的制粉工厂状况,其中还介绍了对青岛市消费及输送物资数量的预测、青岛的商品流通情况及青岛的特产。在青岛的渔港篇中,分别介绍了青岛渔港的有利位置、青岛渔船的作业情况、青岛水产业的现状、青岛渔船的种类、青岛渔业的现状等内容。在矿产篇中,介绍了对青岛港输出矿产的预测、青岛工厂的复兴情况等方面的内容。

F127.26-7/1

蒙古関係資料目録/八木聞一著.—大連:南満洲鉄道株式会社,昭和十二年[1937]

46 頁:図表;cm

極秘

该书为资料目录,分为极密、图书和杂志三部分。主要有经济、交通、矿业、水产、商业、社会、人口、劳动、都市地理等方面的资料目录。

F127.31/1

満洲と相生由太郎/篠崎嘉郎著.—大連:福昌公司互敬会,昭和七年[1932]

24,1400 頁;21cm

该书分为财界篇和人物篇。在财界篇里,主要介绍了"满蒙"的经营、大连港的营运状况、交通运输的情况、交易所所产生的问题、币制与金融关税的状况、贸易产业状况、大连商工会议所和"伪满洲"财界的关系、七七事变中和事变后的"伪满洲"等方面的状况。在人物篇中,主要介绍了相生由太郎的生平及各界对他的评价、福昌公司的事业,介绍了铁牛文集和诗集。书中附有大量的照片。同时也记录了"满铁"的成立过程和日德在青岛的战役的爆发原因。

F127.27/1

綏遠省分縣調査概要　其ノ一:五原縣/満鉄.天津事務所調査課編.—謄写版.—[天津]:満鉄.天津事務所,昭和十一年[1936]

10,48 頁:表;26 cm

该资料是对绥远省(注:绥远省原为"中华民国"之一级行政区,在今内蒙古自治区中部)下设县五原县的调查资料,主要调查了该县的沿革、位置、县界、面积、山脉、河流、地势、所属旗地、动物和植物、矿产和工艺品、交通、道路、邮电、警卫、区乡的自治、农业、工商业、水利及渠道、社会概况等方面的状况。

F127.34/1

吉林省産業の現状/佐田弘治郎著.—大連:南満洲鉄道株式会社,昭和二年[1927]

16,260 頁:図表;22 cm

该资料对吉林省的地理及面积、人口、气象、产业、矿业、林业、工业、交通、既成铁道、未成铁道、可开发的地方及可收容的人口、未来可得的农业、农产制造业、林业和木材加工及林产物、矿业的未来、吉敦铁道沿线的事情等作了调查。

F127.52/18

経済都市大青島ノ建設に就テ/姚作宾編.—謄写版.—[青島]:[不詳],中華民国 29 年[1940]

1 冊;26 cm

该文是由姚作宾编写,主要介绍了经济都市青岛的建设及吸收本国资本情况等内容。

F127.52/19(2)

青島都市計画経済調查書/興亞院青島都市計画事務所編.—[青島].—[興亞院青島都市計画事務所]:[不詳],[不詳]

7,310 頁:図表,地図;22 cm

该书是对青岛经济的调查,调查了青岛当时的经济状况,包括青岛港的概况、青岛的进出口贸易状况、以青岛港为中心的海运情况、青岛港的重要性、青岛港的设施、入港船只等方面;此外,还调查了以青岛港为中心的海运状况、青岛海运情况、青岛小港的民船贸易情况、青岛的农业状况、青岛主要商品流通情况、青岛工业状况等方面。

F127.52/19(3)

青島都市計画経済調查書　第三編/興亞院青島都市計画事務所編.—[不詳]:興亞院青島都市計画事務所,[不詳]

180 頁:図表,地図;23 cm

该书是由"兴亚院"青岛都市计划事务所编写的关于青岛市经济的调查书第三编。主要分为青岛腹地铁路的改良及建设、青岛港出口煤炭的状况两部分内容。在青岛腹地铁路的改良及建设中,介绍了青岛经济的基础要点、产业铁路的改良和建设状况、产业铁路的改良费和建设费问题、地方开发的铁路的状况。在青岛经济基础要点中，主要介绍了青岛腹地的开发和铁道网的维护状况、输送量的预想、产业铁道的现状等方面的内容。在产业铁路的改良和建设中，主要介绍了已设线路的改良要领、新设线路的建设要领、第一至第四期计划的概要。在产业铁路的改良费和建设费中，主要介绍了改良及建设费的计算根据、各期所需要的资金。在介绍地方开发的铁路中，主要介绍了各铁路概要、各铁路的建设概要及建设费问题。该书附有已建铁路的改良图、已建铁路的改良图及新线路的建设图、青岛中心停车场的新建略图、第三期计划所需资金明细表（两张）、海州—上海间的第一比较线路、海州—上海间的第二比较线路、胶济线的纵剖面图、海州—上海间的纵剖面图、济丰线的纵剖面图、豫定线平面图和剖面图、石德线的纵剖面图、石太线和津浦线的纵剖面图、青岛腹地产业铁路的改良及建设工程一览表、胶济线支线图等图表。

F127.52/20

山東産業開発計画案/満鉄.経済調査委員会編.—謄写版.—[不詳]:[満鉄.経済調査委員会]，昭和十二年[1937]

2 頁；27 cm

该书为山东产业开发计划，简单地介绍了山东产业开发的方针。

F127.53/1

[匯兌]/満鉄.上海事務所調査室編.—謄写版.—[上海]:[満鉄.上海事務所調査室]，[不詳]

101 頁；27 cm

该资料主要是对无锡的经济、无锡的银钱业的状况、无锡的其他金融机关、无锡银行企业的组成、业务等的方面的调查内容。

F129.935/1(1)

黒龍江省.上巻/南満洲鉄道株式会社庶務部調査課編.—大阪:大阪毎日新聞社，東京:東京日日新聞社，昭和二年[1927]

363 頁:図表；23 cm

露亞経済調査叢書

该书对黑龙江省的泰来、肇州、肇东、呼兰、木兰、安达、拜泉、青岗绥化、通河等地的沿革、地理、行政、交通、人口、面积及其地理位置的经济价值、农业、产业，商工业、出口的谷物、金融市场、畜产及养禽业等方面作了调查。

F129.935/1(2)

黑龍江省.下巻/南満洲鉄道株式会社庶務部調查課編.—大阪:大阪每日新聞社,東京:東京日日新聞社,昭和二年[1927]

388 頁:図表;23 cm

露亞経済調查叢書

该书对黑龙江省的海伦、龙门、庆城、龙江、景星、嫩江、西布特哈、漠河、呼玛、瑷珲等地的沿革、地理、行政、交通、人口、面积及其地理位置的经济价值、农业、产业、商工业等方面的调查。

F13/29(2)

社業調查彙報.第二号/南満洲鉄道株式会社調查部編.—謄写版.—[不詳]:南満洲鉄道株式会社調查部,昭和十六年[1941]

300 頁:表;26 cm

極密

该资料主要汇集了日本侵略中国时建立的“满铁”企业的资本构造、资本活动、利润分配及朝鲜产业的现状和发展的调查内容。

F13/29(5)

社業調查彙報.第五号/南満洲鉄道株式会社調查部編経済調查会編.—謄写版.—[不詳]:[南満洲鉄道株式会社調查部],昭和十六年[1941]

300 頁:表;26 cm

極密

该资料主要汇集了日本对亚洲南部侵略开发方针的阐明、日本的“共荣圈”(第二次世界大战期间,日本军国主义企图在亚洲、太平洋地区建立的势力区域)内的物资贸易的目标和方式、“伪满洲国”作用的设定、“伪满洲国”的对亚洲南部期待物资的设定及出口物资的设定等方面的内容。

F13/30

機械化ト農業経営ノ結合形態/満鉄調查部編.—謄写版.—[不詳]:[満鉄.調查部],昭和十六年[1941]

135 頁:写真;27 cm

調一調 59,丁資分 340—32,印 200

该资料主要介绍了中国、日本机械农业的本质和发展的历史,即经营规模与农机具的结合、农业机械化和其生产性、农地灌溉与其经营的结合形态等内容,并附有诸多图表。

F13/31

時局港湾都市経済事情ヲ紹介/調査局調査課編.—謄写版.—[不詳]:[調査局調査課],昭和十五年[1940]

1 冊;26 cm

该资料主要介绍了澳门、东京州和河内的经济概况。

F13/32

重要産業五箇年計画要綱説明資料/満鉄.産業部編.—[不詳]:[満鉄.産業部],昭和十二年[1937]

366 頁;26 cm

保 No.767.2,社外 54,乙資分 302,印 120

该资料主要有:① 日本的军需工业扩充计划。主要包括计划方针、扩充计划表、各部门计划要旨等。② 重要产业五年计划纲要说明资料。主要包括日本钢铁自给五年计划、日本石油需求的现实情况、五年间需求的预测、煤炭自给五年计划、造船和工作机械生产五年计划及对电力、汽车等工业的介绍等方面的内容。

F131.3/137

計画資本ヨリ見タル生産力拡充ノ動向/総裁室弘報課編.—謄写版.—[不詳]:[不詳],昭和十二年[1937]

40 頁;27 cm

情報資料,第二十四編

该资料主要记录了当时日本的经济动向、日本生产力扩充的基准和方向、日本在计划资本中现有生产力的扩张、日本产业构成的变化、日本五年计划中原料进口状况和物价问题、资金问题等内容。

F131.3/138

中央経済会議ニ関スル件/満鉄.産業部編.—謄写版.—[不詳]:[満鉄.産業部],昭和十二年[1937]

60 頁;27 cm

保 No.1238.3,産庶業 53,乙資分 302,印 80

该资料为中央经济会议中有关经济问题的会议记录。

F131.355/1

日満経済委員会ニ関スル諸問題/[経済調査会]編.—謄写版.—[不詳]:[経済調査

会],昭和九年[1934]

44 頁;27 cm

该资料是对“伪满洲国”设置的“经济委员会”的前提、名称、掌管事项、权能、构成及其他问题的介绍。

F133.899/1

英領マレー篇/佐田弘治郎著.—東京:東亜経済調査局,昭和十三年[1938]

9,330,10,3 頁:表;22 cm

南洋叢書,第三卷

该资料对英属马来西亚的位置、面积、自然地理概况、居民、政治、交通等方面的介绍。

F15/5

交戦諸國の戦時経済方策(翻訳):英・佛・獨の部/ソ聯邦学士院世界政治経済研究所編.—東京:東亜研究所,昭和十六年[1941]

2,4,154 頁;26 cm

该资料主要介绍了英、法、德等国及其殖民地与日本的工业关系、日本的原料及燃料关系、劳动关系、农业和食量供应关系、运输关系、国外贸易关系、财政关系、经济协定等方面的调查内容。

F151.2/5

露領極東の資源と産業/南満洲鉄道株式会社庶務部調査課編.—大阪:大阪毎日新聞社,東京:東京日日新聞社,昭和三年[1928]

2,2,6,316,6 頁;22 cm

露亜経済調査叢書

该书介绍了前苏联远东地区可进行农业的开发的地区状况,森林、矿物、农业、水产及狩猎资源状况,土地的整理情况,农民移住状况,官有土地的赁贷情况,农产业及其他产业交通状况等方面的内容。

F151.2/6

帝政時代との比較に於けるソウェート聯邦経済事情/南満洲鉄道株式会社編.—大阪,東京:毎日新聞社,昭和七年[1932]

1 冊:図表;22 cm

露亜経済調査叢書

该书主要介绍了前苏联的面积及人口概况及农业、林业、畜产业、渔业、狩猎业、工业、对外贸易及国内商业、交通、财政、货币及金融、劳动情况等方面的内容。并附有1903～1927年经济统计一览表以及同日英美法的比较、内置外交重要事项年表等诸图表。

F151.2/13(1)

露領沿海地方の自然と経済.上巻/南満洲鉄道株式会社庶務部調査課編.—大阪:大阪毎日新聞社,東京:東京日日新聞社,昭和二年[1927]

390頁:地図,図表;23 cm

露亞経済調査叢書

该书主要介绍了前苏联沿海地区的自然地理、气候、土壤、地质、森林、沿海地方的树种的分布状态、沿海地方的植物、蝶蛾类的地理分布、爬虫类和两栖类生物、合作社事业、交通、日苏今后的经济关系、国立远东大学的过去和现在等方面的内容。

F151.2/13(2)

露領沿海地方の自然と経済.下巻/南満洲鉄道株式会社庶務部調査課編.—大阪:大阪毎日新聞社,東京:東京日日新聞社,昭和二年[1927]

285頁:図表;23 cm

露亞経済調査叢書

该书主要介绍了前苏联沿海地方农村的气候、土壤,农村经济的现状,农业、畜牧、菜园及果树园、养蜂情况,农村经济的改良等方面的农村经济概况,大豆、米、烟草的栽培、灌溉、加工状况,沿海一线小麦的品种和用途情况,南部乌苏里地方产亚麻的精制试验情况,养鹿业、林业、养蚕业情况,家畜卫生状况,渔业和盐也状况,前苏联远东地区的水产资源状况,有用矿物和矿业、采金业及其用途等方面的内容。

F151.2/15

労農露国の生産と消費/南満洲鉄道株式会社庶務部調査課編.—大阪:大阪毎日新聞社,東京:東京日日新聞社,昭和二年[1927]

193頁:図表;23 cm

露亞経済調査叢書

附録が付け加わる

该书主要调查了前苏联的居民的人数和职业收入情况,1913年及1922～1923年度国民经济的生产状况,1922～1923年度国民经济的消费状况,1922～1923年度国民经济的收支状况等方面的内容。

F151.2/16

労農露国の産業と電化計画/南満洲鉄道株式会社庶務部調査課編.—大阪:大阪毎日新聞社,東京:東京日日新聞社,昭和二年[1927]

175 頁:地図;23 cm

露亞経済調査叢書

附録が付け加わる

该书主要介绍了前苏联的电气化事业、发电力和燃料情况、电化事业及其燃料问题、电化与农业的关系、电化计划的完成状况、中央工业地方的电化情况、南部地方的电化情况、高加索等地的电化状况、电费情况、经济复旧费状况、外国资本投入问题、小规模电化状况等方面的内容。

F151.2/17

労農露西亜の産業状態と外国貿易の前途/南満洲鉄道株式会社庶務部調査課編.—大阪:大阪毎日新聞社,東京:東京日日新聞社,昭和四年[1929]

119 頁:図表;23 cm

露亞経済調査叢書

该书介绍了前苏联的中央和地方产业状况、产业的运输情况、产业使用的原料情况、金属业和纤维业的状况、前苏联食品的供给情况、前苏联贸易的发展等方面的内容。

F151.2/18

ソウェート聯邦の資源と産業:毛皮編/南満洲鉄道株式会社庶務部調査課編.—大阪,東京:大阪毎日新聞社,東京日日新聞社,昭和三年[1928]

173 頁:地図;23 cm

露亜経済調査叢書

该书主要介绍了前苏联依据狩猎经济的地理区划、前苏联狩猎经济的经济区划的制定、职业狩猎群体的状况、狩猎经济及其组织状况、狩猎及其经济意义、最初的毛皮的买卖及其国内市场的转移状况、世界上毛皮交易状况等内容。

F151.23/1

ソヴェート聯邦 1937 年度国民経済計画作成に関する指示並びに様式/ソ聯邦國家計画委員会編,水谷國一著.—謄写版.—大連:昭和十五年[1940]

429 頁:図表;22 cm

该书是前苏联国家计划委员会编纂的 1937 年度前苏联国民经济计划中的有

关工业、农业、运输业、通信业、基本建设事业、劳动以及劳动者状况、商品流通状况、住宅以及公共事业状况、文化建设事业状况、保健业状况等与国民经济相关的计划内容。

F151.27/1(1)

西比利の行政経済調查事情.上卷/南满洲鉄道株式会社庶務部調查課編.—大阪:大阪每日新聞社,東京:東京日日新聞社,昭和四年[1929]

295頁:図表,地図;23 cm

露亞経済調查叢書

该书主要内容包括前苏联西伯利亚革命运动史,以经济区划为基调的行政区划状态,西伯利亚的采金业、电化事业、牛酪业、狩猎业、商业、农事试验及种子改良事业的状况,西伯利亚的通商情况,西伯利亚的农具供给状态,西伯利亚的农业信用情况,1924年西伯利亚的消费组合等方面的内容。并附有西部利亚行政区划地图。

F151.27/1(2)

西比利の行政経済調查事情.下卷/南满洲鉄道株式会社庶務部調查課編.—大阪:大阪每日新聞社,東京:東京日日新聞社,昭和四年[1929]

410頁:図表,地図;23 cm

露亞経済調查叢書

该书主要内容包括前苏联西伯利亚地方机关及设施的状况,西伯利亚所属各个县及自治共和国的人口、工商业、行政机关及设施、一般机关等情况。

F151.29/4

ソウェート聯邦経済十年史/南满洲鉄道株式会社庶務部調查課編.—大阪:大阪每日新聞社,東京:東京日日新聞社,昭和三年[1928]

158頁:図表;23 cm

露亞経済調查叢書

该书介绍了前苏联的工业、电化、燃料经济的组织改造、农业、水利事业、运输及通信、十年间的建筑业、劳动、商业、非私营化的进程等方面的情况。并附有前苏联国民经济一览表。

F171.2/7

戦時ニ於ケル未国ノ中立ト其ノ経済的影響[綜合資料]/調查部資料課編.—謄写

版.—[不詳]:調査部,昭和十四年[1939]

34 頁;26 cm

調資資二乙三九,第一号ノ一一九

该资料主要包括1914年第一次世界大战的概况、中立国美国的概况、一战战争形势以及战争对商工业的影响等内容。

F230/16

支那舊式簿記ノ組織/平野元三郎編.—謄写版.—[青島]:[航業聯合会調査課],[不詳]

1 冊;26 cm

该书分主要簿和补助簿两部分介绍中国的旧式簿记。

F24/6

満支労働関係ト北支最近ノ労働諸問題/満鉄北支経済調査所編.—[不詳]:[不詳],昭和十五年[1940]

74 頁;26 cm

该资料主要介绍了中国劳动力流动情况和中国北部劳动统筹的各种问题。在劳动力流动方面,介绍了近年劳动力流动的趋势及其基本特性、劳动统筹的实施及其引起的各种问题,统筹对青岛在华日本纺织业的复兴产生的影响。在中国北部劳动统筹的各种问题中,介绍了中国北部劳动界的现阶段情况和中国北部劳动统筹的问题,其中也介绍了山东劳务公司、山东劳工服务局、大陆华工公司等部门的状况。

F241/1

北支那労働事情概観/北支那開発株式会社編.—[不詳]:北支那開発株式会社,昭和十六年[1941]

6,174 頁;21cm

该调查资料由日本华北开发株式会社编。调查报告详细叙述了华北的劳动力概况、劳动者状况与劳动政策。附录中介绍了"伪满洲国"劳动统制关系法规、华北劳动统制关系法规等内容。书中也介绍了含山东在内的华北劳工协会法、劳动统制法、劳动统制委员会法、劳动者招募取缔规则等内容。该书附加了35个统计表,有日、朝、中国劳动者的体力表、华北农村劳动力供给潜力估算数、不同行业劳动者工资主要参考、北京小商品物价指数、上海工人生活费(工部局发布)图表等。书中涉及了青岛、天津在内的不同职业的劳动者的工资统计表。

F249.2/3

満洲労働事情説明概要/満鉄.経済調査会編.—謄写版.—[不詳]:満鉄.経済調査会,昭和十五年[1940]

13頁;26 cm

该书介绍了东北沦陷区的劳动情况,其中包括近代工人工资的意义、华工情况、劳动人口情况、农业劳动者的种类、工资趋势、工资的比较以及劳动者的运动等方面的内容。

F249.2/4

全満的見地ヨリミタル労働調査計画案/満鉄.経済調査会.—謄写版.—[不詳]:満鉄.経済調査会,昭和十一年[1936]

14頁;27 cm

该书介绍了东北沦陷区的劳动调查计划,包括基本统计的完成、劳动供给关系、中国劳动者的入离状态、对劳动情况的特别调查、劳动统计的完成和整理等方面的内容。

F249.21/1

青島ヲ中心トスル華工事情/満鉄北支経済調査課編.—謄写版—[青島]:[満鉄北支経済調査課],昭和十五年[1940]

109頁:図表;26 cm

该资料是由"满铁"华北经济调查所编写的,主要介绍了青岛具有劳工关系的机关、中国劳工的资质情况、统筹中国劳工的招募情况、中国劳工的输出情况、对未来中国劳工供需关系的预测、对统计数据的审查等内容。在青岛的劳工关系机关篇中,介绍了机关名称及其所在地、各机关的概况。在中国工人的资质篇中,介绍了对华北、华中地区的中国劳工的比较及其特性和供需增加带来的影响。在中国劳工的招募篇中,介绍了劳工招募的种类、当地的劳工招募机构、劳工招募的手段和要领、劳工招募所需经费和预支情况、为提高未来劳工招募效率而进行的工作情况、招募的劳工逃亡情况。在输出情况篇中,介绍了对劳工输出的综合考察和青岛的劳工输出情况。该资料附有各发行处各月的团体及其身份证表、各年龄段表、青岛身份证的不同地区表、各发行处发行的团体及其身份证的不同地区表、各发行团体及其身份证发行处的入境地点、接受出入青岛身份证的中国工人统计表等图表。

F249.272/2

華北に於ける労務動員の情況に就いて/北京、天津、済南地方出張報社編.—謄写

版.—青島:青島日本商工業会議所,昭和十九年[1944]

1 冊;26 cm

该资料调查了中国北部劳务动员的情况,包括在中国北部劳务动员发布情况和劳务动员实施要领,如各地的配额人员情况、被转业者的资格情况、劳工的训练情况、劳工的身份问题、家庭的费用问题、各地针对劳务动员情况的对策、济南天津北京劳务动员情况等内容。

F249.272.5/1

大同炭鉱労働概要調査報告/南滿洲鉄道株式会社編.—謄写版.—[不詳]:満鉄北支経済調査所,昭和十六年[1941]

117 頁:図表;26 cm

该书调查了大同碳矿的劳动概要,其中包括劳动组织概要、确保所需劳动力的困难所在及其原因、各项劳动条件的变化及其对劳动者生活的影响、劳动对策的出台等内容。

F249.512/1

米國共産派労働組合政策二十年史/満鉄.調査部編.—謄写版.—[不詳]:[満鉄.調査部],昭和十四年[1939]

29 頁;26 cm

ソ聯研究資料別輯,第十二号

该资料介绍了美国的共产党劳动组合二十年的历史。

F255.126/1

ソウェート聯邦の輸出入貿易/南滿洲鉄道株式会社庶務部調査課編.—大阪:大阪每日新聞社,東京:東京日日新聞社,昭和四年[1929]

423 頁:図表;23 cm

露亞経済調査叢書

该书主要介绍了在世界经济中前苏联的地位,前苏联的贸易差额,前苏联的外国贸易、金融状况,前苏联的货币制度,前苏联的谷物、禽类、渔产类、蔬菜及果类、葡萄酒、药用原料、石油、亚麻、木材、兽毛、石棉等的出口状况,前苏联的金属制造、农用机械、织物等使用的原料及制品状况,前苏联的化学商品、化学药品、米、砂糖及咖啡的进口情况等内容。

F259.2/3

北中支における輸入配給統制/東亜経済資料室著.—東京:日本商工会義所,昭和十

六年[1941]

178 頁;21 cm

该书介绍了中国中北部的进口配给统制情况,内容包括中国北部输入组合总联合会章程、天津青果和蔬菜进口配给组合统制规程、天津各种进口配给组合情况、山东进口配给组合联合会章程、统制规定及所属组合、中国中部进口配给统制关系资料等方面。书中附有青岛等地进口配给组合对照表等图表。

F259.2/4

济南事情概况/済南日本商工会議所編.—謄写版.—済南:済南日本商工会議所,昭和十四年[1939]

20 頁;27 cm

该资料主要调查了山东省的面积、山东省的物产情况、济南的未来的发展状况、在济南的主要日资企业情况等方面的内容。在山东省的面积篇中,介绍了山东省的面积、人口、每平方千米的人口数、农户数、农户人口数、每户的人口数、耕地的面积、每户农户的耕作的面积、济南市的人口、济南市的面积、济南城镇面积、济南商埠面积等方面的状况。在山东省的物产篇中,介绍了山东省的农作物、畜产、矿产的状况。在济南的未来篇中,分析了山东省产业发展的条件和作为工业立地的优势。在驻济南的主要日资企业篇中,介绍了济南的纺织、制粉、水泥、造纸、火柴、制糖、火药制造、公交事业、鱼市、电气、电报局、电话公司、广播局、给水系统、化学工业的状况。该书还附有济南水质分析表,济南人口调查表,从昭和十三年一月到昭和十四年四月(1938.1~1939.4)期间侨居的日本人、朝鲜人口增减表,七七事变前后济南日本小学儿童数目的增减表等表格。

F259.275.1/1

支那慣行調査資料:上海堆栈(倉庫)業ノ調査/満鉄.上海事務所調査室編.—謄写版.—[不詳]:[不詳],昭和十五年[1940]

81 頁;27 cm

保 No.217,上調二—21,丁資分 384—1,印 150

该资料对上海堆栈的起源、上海堆栈数量及其国别和堆栈容量、入站手续和费用、上海堆栈的规则、上海的堆栈单据及其贷款担保状况等方面的调查。

F259.275.3/1

無錫ニ於ケル堆栈業/満鉄.上海事務所調査室編.—謄写版.—上海:満鉄.上海事務所調査室,[不詳]

57 頁:図表;26 cm

保 No. 303,上調八—24,丁資分 384—2

该书调查了无锡的堆栈业,包括堆栈的资本、人员的组织、设备、会计账簿的组织、业务情况、租金及使用费、堆栈证券、无锡堆栈业同业公会基本情况等方面。

F259. 275. 3/2

昭和十五年度主要站貨物集散状況調查(膠縣、高密、濰縣站)/済南鉄路局青島事務所編. —謄写版. —青島:[済南鉄路局青島事務所],昭和十六年[1941]

1 冊:図表;26 cm

该资料是对胶县、高密和潍县站 1940 年商用站点的货物集散的调查内容。即这三个县的县势、站事、以该站为中心的物资集散状况及受经济封锁后的现状和对未来的预测。主要有上述三县的位置、人口、面积,产业,交通经济的概况;各站的范围、该站的一般的概况及增产计划;物资集散状况、铁道和汽车及其他小型工具运输数量的概况等内容。

F259. 276. 3/1

戦時下漢口方面物資流通事情/満鉄. 上海事務所調査室編. —謄写版. —[上海]:[満鉄. 上海事務所調査室],昭和十七年[1942]

105 頁:表;26 cm

保 No. 377,上事一 1,乙資分 220—9

该资料主要调查了汉口物资流通的必要性,物资统制的机构,主要谷类的生产状况,军需轻工业原料问题,棉花、麻、皮革等产品的聚集和运出状况,民用品的运出状况,棉丝、烟草、砂糖等物资进口统制及进口状况,物资配给统制及配给状况,合作社运行状况,盐的问题,物资出入额的对比,物资流通上的问题等方面。

F259. 276. 3/2

漢口一九江間ニ於ケル物資流通ヲ中心トスル諸事情調查/満鉄. 漢口駐在員事務所編. —謄写版. —[漢口]:[満鉄. 漢口駐在員事務所],昭和十五年[1940]

50 頁:写真;26 cm

该资料调查了九江各县的农产品生产概况、主要集散市场的物资流通概况、关于物资流通的输送机关、九江地方主要城镇的概况。

F259. 313. 3/1

需給上ヨリ見タル我國肥料問題[綜合資料](極密)/満鉄調查部編. —謄写版. —[不

詳]:[不詳],昭和十五年[1940]

50 頁:表;26 cm

该资料是对日本关于农业贩卖肥料的比重、贩卖肥料需求趋势、需求统制的现阶段等做的统计,并附有 1939 年 8 月至 11 月各府县肥料的分配量等图表。

F265/1

中国北方ノ兵差ト農民ニ就テ/満鉄.北支事務局調査部編.—謄写版.—[不詳]:[満鉄.北支事務局調査部],昭和十三年[1938]

91 頁;25 cm

保 No.148,北調農政 27,丁資分 237,印 150

该资料主要是中国北方对兵差的形式和负担量、兵差的实际负担量、全国兵差负担县的情况、清范县各村的兵差收入的总额等的调查内容。

F27/46(1)

無錫ニ於ケル商業帳簿調查.其の一/満鉄.上海事務所調査室編.—謄写版.—[上海]:[満鉄.上海事務所調査室編],昭和十七年[1942]

29 頁;26 cm

保 No.357,上調八—32,丁資分 380—24,印 250

该资料是对无锡的万大南北货糖号及时和绸缎庄的会计的组成、账簿的组织、记账法、现金系统、结算账簿的更新等的调查内容。

F279.2/8

北支主要地工業企業条件調査:天津市ノ部/満鉄·北支事務局調査部編.—謄写.—青島:青島日本商工会議所,昭和十三年[1938]

236 頁;26 cm

该资料由“满铁”、华北事务局调查部编,日本青岛商工会议所收藏。是华北主要的工业和企业的立地条件的调查报告中的天津部分。主要调查了天津的历史地位,华北的经济与天津的地位的关系,天津的土地和户口状况,天津市的气候类型、气温变化情况,天津的人口数量,城市的状况,土地利用的状况,地价情况,天津市的工业用水情况,劳动关系情况,动力关系,原料和材料关系,仓库以及放置的场所,天津市的地下水,劳动力转移问题,劳动条件,原料的生产状况,仓库的经营和管理,港湾及船舶,课税关系,金融关系等方面。

F279.2/10

北支主要工場一覧表/南満洲鉄道株式会社北支事務局調査室編.—[不詳]:[南満洲

鉄道株式会社北支事務局調査室],昭和十三年[1938]

37 頁:図表;22 cm

该书是由华北事务局调查所编写,介绍中国北部主要工厂的相关内容。主要有纺织工业、毛线纺织工业、铜丝布工业、制铁业、机械金属器具工业、洋灰工业、玻璃工业、法郎铁器工业、陶瓷工业、运输工业、制氧工业、制磷工业、染料工业、油漆工业、酒精工业、石碱工业、皮革工业、制纸工业、磨粉工业、淀粉工业、制糖工业、麦酒工业、清凉饮料工业、酿造洋酒工业、制水工业、鸡蛋粉制造业、卷烟草制造业、榨油工业、骨粉工业、木材制造以及木制品工业、压缩打包业等行业的工厂名、所在地、经营形态及资本系统、资本金、生差额、设立年份等内容。

F279.21/1

華北工場名簿/北支工場調査委員会編.—謄写版.—[不詳]:[北支工場調査委員会],昭和十四年[1939]

273 頁;26 cm

该书列出了 1939 年河北省、山东省、山西省、河南省,江苏省等的纺织工业、金属工业、机械器具工业、陶瓷、化工、食品工业、电气工业,木材加工及木制品工业、印刷及装订业、杂工业等各行各业的工场名称、资本系统、企业形态、工厂所在地、代表者的姓名、开业年月、资本情况、职工人数、主要生产的产品等内容。

F279.26/1

北中支蒙彊ニ於ケル新設主要会社一覧:資料時報/満鉄調査部編.—謄写版.—[不詳]:[不詳],昭和十四年[1939]

67 頁;25 cm

調資資二乙三九第ニ号ノ七十六

该资料介绍了中国北部的新设主要公司,如华北开发公司及其子公司,华北开发会社、华北电业株式会社、山东碳矿株式会社、华北交通会社、华北物资配给株式会社等;华北开发公司统制以外的一般公司,如中国联合准备银行、天津产业株式会社、株式会社东亚工厂、东亚产业株式会社等;华中地区新设主要公司,如华中振兴株式会社及其主要会社如华中矿业株式会社、华中水电株式会社、上海内河汽船株式会社、华中铁道株式会社等;华中振兴株式会社统制以外的统制会社,如华中印书局、南京码头工人福利公司等各公司的设立时间、经营项目、公司地址、公司概况等内容。

F279.26/2

満洲畜産株式会社設立要綱案ニ関スル報告/満鉄.産業部編.—謄写版.—[不詳]:

[満鉄.産業部],昭和十二年[1937]

6 頁;27 cm

保 No.547.3,産農調 14,乙立分 343,S372.1,印 60

该资料主要为"伪满洲"畜产株式会社的会议程序:主要有会场地点、日期、与会者、议事(含决定案)、决定事项的重要议事、"满铁"出资情况等内容。

F279.26/3

天津梱包株式会社設立案/満鉄.天津事務所調査課編.—謄写版.—[天津]:[満鉄.天津事務所調査課],昭和十二年[1937]

5,13 頁;26 cm

该资料主要有该社的要领、会社成立及事业大纲、企业目标等内容。

F279.26/4

塘沽連輸公司設立案/満鉄経済調査委員会編.—謄写版.—[不詳]:[満鉄経済調査委員会],昭和十一年[1936]

12 頁;27 cm

保 No.102,経調委 32,乙立分 443,S372.1,印 80

该资料介绍了塘沽运输公司的名称、员工国籍情况、本店及分店情况、公司事业的目的、事业的资金等内容。

F279.271/1

北平華商電灯股份有限公司調査報告概要/北平特務機関編.—謄写版.—[不詳]:[北平特務機関],昭和十二年[1937]

13 頁;27 cm

此调查报告主要介绍了北平华商电灯股份有限公司的组织和人名名单、资产和负债状况、工资情况、公司设备等内容。

F279.272.1/1

事変ニ依ル天津工鉱業株変動状況/満鉄.北支事務局調査班編.—謄写版.—[不詳]:[満鉄.北支事務局調査班],昭和十二年[1937]

11 頁;25 cm

北支調資,第四号

该资料主要介绍对启新洋灰、永利化学、久大精盐、济安自来水、中兴煤矿、中原煤矿等公司的变动状况的调查内容。

F279.29/3

满洲曹達株式会社概要:資料時報/調査部資料課編.—謄写版.—[不詳]:満鉄.調査部,昭和十四年[1939]

26頁:図表;25 cm

調資資二乙三九第二号ノ六四

该书介绍了东北沦陷区曹达有限公司成立概况、事业经营概要、事业费预算情况、资金计划情况、收支计算、销售情况、主要原料材料、设备完成期限等方面。

F279.295.2/1

[山東機械工場]/[不詳].—謄写版.—[不詳]:[不詳],[不詳]

14頁;28 cm

该资料介绍了山东省的工厂,包括汽车修理工厂以及部分产品销售店、挥发油以及油脂类的销售店、机械制造厂等企业的店主、所在地、资本、建立与从事员等内容。

F279.313.6/3

福公司(ペキン　シンテケート)年次総会議事要録:一九三七年八月十二日P.T.タイムス所載/満鉄.北支事務局調査班編.—謄写版.—[不詳]:[満鉄.北支事務局調査班],昭和十二年[1937]

13頁;26 cm

北支調資,第一号

该资料主要内容包括该公司职员奖励金计划、煤炭的作业状况、联合办事处的发展状况、道清铁路延长线的完成情况、业务活动的复活情况、对职员的报酬等方面。

F279.313.665/1

南満洲鉄道株式会社関係条約集/佐田宏治郎編.—[不詳]:南満洲鉄道株式会社,大正十一年[1922]

44,1212頁;22 cm

该条约主要集有中俄、日俄、英美、日美条约,法、英及其他条约,西方列强间的条约,关税关系条约,日俄、中日间的铁道、邮电、电信、联络运输通信条约等内容。

F279.313.7/1(7)

日本コンツェルン全書.Ⅶ,満鉄コンツェルン讀本/小島精一著.—東京:春秋社,昭和

十二年[1937]

6,11,361頁;22cm

该书主要对"满铁"事业及组织的发展状况,"满铁"的交通、港湾、炭矿、地方经营、公司的经营状况,"满铁"营业成绩,"满铁"的改组情况,第二次经济建设计划与"满铁"的作用等方面做了介绍。书中有大量的照片和地图。

F279.51/1

工部局屠殺場ノ近況ニ就テ/満鉄.上海事務所調查室編.—謄写版.—上海:満鉄.上海事務所調查室,昭和十六年[1941]

15頁:図表;27 cm

保 No.290,上調五—40,丁資分 350—5

该书由上海事务所调查室编辑出版,包括关于上海工部局牲畜宰杀厂以及牲畜市场关系的内容,分为三部分叙述。第一部分介绍了工部局牲畜宰杀场的近况。第二部分介绍了工部局牲畜宰杀场的内容,包括设立、屠场设施、宰杀能力、职工、宰杀场使用费、逐年宰杀头数等事项。第三部分是关于参考事项的内容,其中,详细介绍了加工化制厂、佛租界工部局设立的宰杀厂宰杀头数、共同租界工部局公认的中国人所经营的私人设立简易宰杀场里的宰杀猪头数、共同租界工部局设立的简易宰杀厂的宰杀头数、市政府管辖宰杀场宰杀头数、1940年上海牲畜市场上货牲畜头数等方面的情况。

F294.512/1

露領極東における職業組合の組成/南満洲鉄道株式会社庶務部調查課編.—大阪:大阪每日新聞社,東京:東京日日新聞社,昭和二年(1927)

1,4,378頁:図表;22 cm

露亜経済調查叢書

该书介绍了前苏联远东地区的雇佣劳动者数量情况及职业组合的数量及性质、内在组成、成员职业、成员的出生地、家庭状况、资产状况,妇女的劳动、劳动年数、劳动报酬等方面的情况。

F299.275.2/1

支那都市不動産慣行調查資料:青島ニ関スル第一次調查報告書関係資料.8/南満洲鉄道株式会社編.—謄写版.—[不詳]:[不詳],昭和十七年[1942]

160頁;22 cm

该资料是由南满洲铁道股份公司调查部编写的中国城市不动产惯行的调查

资料，是关于青岛的第一次调查报告书，主要分为不动产登记、土地所有权登记两部分。在不动产注册方面的资料中，详细介绍了地上权的设定、七项建筑物的所有权保存、建筑物的地皮变更登记、建筑工程先取得的特权的转移登记、设定建筑物抵押权、所有权变更的登记等方面的内容。在土地所有权登记相关的资料中，详细介绍了五项保存登记、土地所有权登记的内容。在建筑物所有权保存登记申请书里，介绍了不动产的标识、登录的目的、手续费、添加资料等方面的内容。该书附有借地人关于地上权的设定实例。资料中附有诸多向青岛的日本总领事馆提出的申请。

F3/5

中国棉産統計/中華棉業統計会編. —[上海]:[中華棉業統計会],民国 25 年[1936]

98 頁;22 cm:附二十六年中国棉産統計

该书是中国棉产统计书。包括 1919～1937 年河北、山东、山西、河南、陕西、江苏、浙江、安徽、江西、湖北、湖南、四川、辽宁等省的棉田面积、皮棉产量、洋棉棉田面积及产量、平均每亩皮棉产量等内容。书中还介绍了山东省各地中棉和美棉的棉田面积、每亩产量和皮棉产量等内容。

F32/5

支那の農業/石川正義著. —東京:中央公論社,昭和十六年[1941]

5,2,114 頁;18 cm

该书为川石正义及“满铁”弘报课编。主要介绍了中国农业的自然条件和地域性类型、中国的地形和主要的农业区域、主要条件的地域的土地类型及耕作模式。其中包含西北河谷盆地和华北大平原、扬子江三角洲及中游的两大平原、四川盆地的特殊性和珠江三角洲、黄河和扬子江等地区的农业状况及对经济的意义，中国本土农业经济的形成，农业生产地域和人口问题，气温和降雨量对地域性的影响，中国农业地域性的三大类型等内容。书中有山东等省的轮作表等表格及多幅农村耕作的照片。

F32/20(1)/(2)

北支那の農業と経済. 上下巻/南満洲鉄道株式会社調査部編. —東京:日本評論社,昭和十七年[1942]

903 頁;22 cm

该书描述了中国北部的农业及经济状况。全书共分四部，上卷在第一部农业生产的基础篇中，介绍了中国北部的地域、地势及地质、地势的概况，华北平原、黄土高原、山东的山地、河川系统等概况，中国北部地区的气候、气候要因、气温、气压、湿度、降水量、植物的种类与分布、土壤的种类及其分布等状况，山东褐色土的成因、山东褐色土的理化学上的性质等方面的情况；在农业生产的技术基础篇中，介绍了耕种形态、劳动条件、劳动力、劳动手段、劳动过程等方面的状况。在农业生产的地域性特征篇中，介绍了自然的基础的生产条件，经济的社会的生产条件，主要农业资源的情况及山东省小麦、粟、大豆、米、棉花、落花生、烟草等生产情况及农作物的播种等内容。下卷从第二部开始对中国北部农业社会意义与经济特质进行了介绍。在农业关系的特质篇中，讲述了特殊地权形态的性质与其趋向、耕地的零细化、耕作地利用的偏颇与分散化、对农民社会分化的考察、小农契约及小农形态的特质等方面的内容。在农村的流通及交易关系及其发展篇中，讲述了商品(货币)经济的发展状况、市场的特质、商人及商业资本的特质等方面的内容。第三部为中国北部农业经营中农业经济的特质。在农业经济相关的考察篇中，介绍了农业生产的自然条件、华北农业经营的特质、不同大小农业经营的比较、最近农业经营规模的变化等方面的内容。在农家经济的特征篇中，介绍了农家经济的基础、农家经济的内容等情况。第四部为中国北部的畜产经济，介绍了家畜在农业中的地位、家畜在农业经营中所占比例、家畜及畜产品的流通交易事项等方面的内容。书中也介绍了山东农业、畜产的状况。

F32/31

農畜産物出廻調查報告：膠済線/滿鉄・北支事務局調查部編.—謄写版.—[不詳]：[滿鉄・北支事務局調查部]，昭和十三年[1938]

11，366 頁；25cm

该资料是由"满铁"华北事务局调查部编，是对胶济铁路沿线主要城市农畜产品的调查报告。主要调查了胶济铁路沿线青岛、潍县、张店、济南 4 个地方的农畜产品的销售状况。具体有青岛、张店、潍县、济南 4 个地区的棉花、小麦、花生、烟草、牲畜及畜产品的销售情况，青岛、济南等地的气温、降雨量等的自然条件，青岛、济南等地的棉花、小麦、花生等农畜产品的交易关系和机构及农产品和畜产品的流通状况和生产状况。附有青岛港主要的农畜产品的贸易统计和胶济铁路货物输送统计的图表等图表。

F32/32

北支那三省夏期並冬期作物耕作面積及産量統計表/境米市著.—北京：滿鉄北支事務局調查部，昭和十四年[1939]

1 冊；22 cm

该资料为"满铁"华北事务所调查部编写,是对华北的河北省、山东省、陕西省三省的高粱、粟、大豆、黑豆、棉花、甘薯、芝麻、烟草、小麦等夏季及冬季作物耕作面积及产量的统计。

F32/35

京漢沿線地帯(北京—石家莊)ニ於ケル農村ノ現状/満鉄.北支事務局調査室編.—謄写版.—[不詳]:[不詳],昭和十三年[1938]

35 頁;26 cm

该书调查了京汉铁路沿线地带农业的现状。主要有涿县、保定、石家庄的农业状况,包括治安的混乱和农民的离村状况、商品流通情况、地价及佃农的变动情况、棉花的种植情况、水灾情况、一般农作物生长的情况、家畜情况等内容。

F32/36

北支農業ニ関スル基礎資料(綿花、小麦、畜産)/満鉄.北支事務局調査室編.[不詳]:[満鉄、北支事務局調査室],昭和十三年[1938]

54 頁:図表;25 cm

保 No.58,北調農 24,乙資分 258,印 150

该资料是由"满铁"华北事务局调查室调查编写的关于中国北部的棉花、小麦、畜产等农业方面的基础资料。主要内容包括中国北部棉花的现状,对棉花的需求,中国北部棉花的改良增值计划案的概要,有关中国北部小麦的资料以及中国北部畜牧产业资料的概要等。在棉花的现状篇中,主要讲述了从生产上来审视中国棉花的世界地位、中国棉花作物的分布状况、棉花作物在华北华中地区的分布状况、华北三省棉花作物的面积以及收获量等内容。在华北等地的棉花的需求篇中,具体介绍了中国北部、日本对棉花需求及其发展状况等内容。

F32/37

冀察政権強化ニ際シ採ル可キ農業具体方策/満鉄.経済調査委員会編.—謄写版.—[不詳]:[不詳],昭和十二年[1937]

4 頁;27 cm

保 No.11 23.3,産農調 38,乙立分 331.1

该资料主要记录了冀察地区的农业的方针、具体农业政策的大纲和说明。

F32/39

満洲ニ於ケル機械農業/総裁室弘報課編.—[不詳]:南満洲鐵道株式會社,昭和十四

年[1939]

28 頁;26 cm

弘報資料第八四號(昭和十四年十月刊)

该资料记录了对东北沦陷区的机械农业的过去及现在状况、机械农法和降水量的关系、机械农业的经济条件等调查内容。

F32/40

農村復興卜土地問題/満鉄.北支経済調査所編.—謄写版.—[不詳]:[満鉄.北支経済調査所],[不詳]

48 頁;26 cm

保 No.67,北経四 16,丁資分 300,印 150

该资料介绍了对农村复兴问题、土地问题及如何解决问题的调查内容。

F32/41

北支農業建設卜日本ノ大陸経営/満鉄.北支事務局調査室編.—謄写版.—[不詳]:満鉄.北支事務局調査室,昭和十三年[1938]

16 頁;27 cm

保 No.78,北調農政 14,乙資分 260,印 150

该资料是对中国北部农村农业建设的必要性和可能性,中国北部农村建设计划和农产物开发计划,中国北部农村建设计划对日本农业的压迫等方面的调查。

F32/43-4

南満洲在来農業/中本保三編.—4 版.—大連:南満洲鉄道株式会社地方部農業課,昭和十年[1935]

10,217 頁:写真;23 cm

该资料主要介绍了东北沦陷区的传统农业,包括气候、地势、土壤及地力、水利土地区划法、土地丈量法、土地买卖的方法、农业金融、农作物的种类、农业经营法、农业劳动者、各种作物、蔬菜园艺、畜产、造林、防风林及用途和必要性等方面的内容。

F32/44

康徳四年満洲農産物収穫高豫想/五十子巻三著.—新京:満洲農産物収穫高豫想調査聯合会,昭和十三年[1938]

86 頁:地図;26 cm

该资料是对东北沦陷区农作物的预想收获额，耕作面积和比率，大豆、高梁、小麦、水稻等主要农产品的预想收获额，营口、奉天、开源、敦化、哈尔滨等地区主要区域的农业气候的状况的调查。

F32/45

北支農業救済ト植棉改進問題/北支那協会山東支部編．—謄写版．—[青岛]：滿鉄．北支事務局調查室，昭和十年[1935]

106 頁；27 cm

该书介绍了中国北部农业和棉花栽培情况，如棉花的栽种地区以及耕种面积，中国北部的气候状况，土壤和耕地价格问题，中国北部主要农作物、棉花和它们对抗作物的种植利润比较等方面的内容。同时，也介绍了中国北部农村经济状况、中国北部棉花的生产和供需情况、棉花改进事业的简要历史、棉花的品种和质量状况、主要棉产地的情况、棉花栽培的概况、棉花的交易等内容，其中涉及了山东省棉产情况和青岛棉业试验场等方面的内容。

F32-66/1

北滿に於ケル農家経済収支表/八木聞一著．—[不詳]：南滿洲鉄道株式会社，昭和十二年[1937]

288 頁；26 cm

该资料是对海伦、望奎、绥化、巴彦、安达、巴冈、肇州、明水、克山等 16 个县的农家经济的收支统计。

F321/1

青島ニ関スル第一次調查報告：支那都市不動産慣行調查資料第八輯其ノ一/滿鉄·調查部編．—謄写版．—青島：滿鉄·調查部，昭和十六年[1941]

172 頁；25 cm

该资料为“满铁”调查部编写的调查报告。主要调查了青岛涉外关系的沿革情况，德国经营时期的土地问题，日本军政时期的土地问题，关于山东悬案的土地问题，山东还附后领事馆的登记制度，中国的土地行政等内容。

F321/2

北支農業．合作社調查報告/支那駐屯軍司令部乙囑託経済班編．—[不詳]：[不詳]，[不詳]

155 頁；22 cm

北支・產業調查書類,第二編,第一卷

该调查报告主要内容包括中国北部农业实态调查计划书、中国北部农业对策提案、对中国北部农村贫穷的考察、中国北部农村合作社创建纲要、《华北农村合作社创建纲要》说明和参考资料等。其中,有对河北、山东二省的棉花和小麦的栽培情况和山东省青岛市农业试验场的分场的状况的调查。该书附有农户家庭调查表、不同月份劳动力利用情况调查表、不同月份畜力利用情况调查表、不同农作物各月的分布状况表、不同所有地的调查表、不同经营地的调查表、建筑物调查表、不同种类农具的调查表、家畜调查表、耕地利用状况调查表、副业调查表、农户现金支出调查表、农户生计消耗品调查表等诸多图表。

F321/2(2)

北支農業.合作社調查報告(続):河北.山東主張報告/支那駐屯軍司令部乙嘱託班編.—[不詳]:[不詳],[不詳]

95 頁;22 cm

北支・產業調查書類,第二編,第一卷(続)

该资料为中国北部农业合作社的调查报告,主要介绍了合作社经营上的各种问题。本次报告的调查地点是天津、北京以及山东省的济南和青岛。主要内容包括指导员、理事及其社员的教育训练情况,每个合作社的收支状况,运营资金的筹集方法,社员的资格等内容。其中还介绍了定县河北省县政建设研究院、邹平实验县山东乡村建设研究院、北京华洋义务赈灾救灾总会、北京华北农业合作事务委员会的概况。

F321.1/5

興安東省莫力達瓦旗及巴彥旗地方未耕地調查報告/滿鉄.調查部編.—謄写版.—[不詳]:[滿鉄.調查部],昭和十四年[1939]

109 頁:表,地図;27 cm

保 No.327,調調農・壹,丙資分 340—15

该资料是对莫力达瓦旗及巴彦旗地方未耕地做的调查报告,主要内容包括该地区的位置及地势、气候、土质等自然条件状况,居民和生业、交通和运输、土地制度和土地利用状况,地价、农业及农业生产、耕地播种轮作、农具、农业劳动者状况,年月日工和佃户的惯行情况,病虫害的防治问题,谷物的价格问题,畜牧业、畜产经济、林业状况和对农林牧的影响的因素,交通和土地关系开发上的要点等。

F321.1/6

土地資料/北支経済調查所編.—謄写版—[不詳]:北支経済調查所,昭和十五年

[1940]

117 頁:図表;25 cm

该资料为对中国北方惯例的调查内容,收录了河北省内、京古、京包铁路沿线等主要地段的土地行政、土地名目、土地权利等相关的资料,还介绍了密云县、怀柔县、顺义县、通县、昌平县的土地问题。

F321.1/7

天津市区土地評価/満鉄.天津事務所調査課編.—謄写版.—[天津]:[満鉄.天津事務所調査課],昭和十二年[1937]

64 頁;26 cm

天調資料,第四九号

该资料对天津市的各个租界和警区的土地作了评价。

F322/1

康徳七年度主要農産物収穫豫想卜其ノ諸問題(極秘)「綜合資料」:資料時報/調査部.資料課編.—謄写版.—[不詳]:[不詳],昭和十五年[1940]

11 頁;28 cm

調資二資四〇甲第一号ノ九二

该资料主要就本年度主要农产物预想收获额、本年度特产装货车次的预想额、实际交付的奖励金问题和奖励金的意义、对日大豆贩卖价格上涨的理由、对日豆粕贩卖的价格不变动的理由、出台奖励金制度及其影响、关于特产资金金融机关、对日大豆豆粕的暂定交货方法的决定等的调查。

F323/2

北寧　津浦農事施設関係/満鉄.北支事務局調査室編.—謄写版.—[不詳]:[満鉄.北支事務局調査室],昭和十三年[1938]

30 頁;26 cm

保 No.8,北調農 5,乙立分 261,印刷 150

该资料是对北宁、津浦沿线的各农事试验场的位置、沿革、组织及构成人员、设施、经费、破坏和现状的调查。

F323.2/1

北支ニ於ケル農業水利及農地開発方策綱要(案)/満鉄.北支事務局調査室編.—謄写版.—[不詳]:満鉄.北支事務局調査室,昭和十三年[1938]

3 頁;27 cm

该资料是中国北部的农业水利以及农地开发方案纲要,包括开发的方针和要领。

F323.6/1

康德三年度耕作状況ヨリ見タル三江省農業労働力ノ概数/牡丹江鉄道局総務課編.—謄写版.—[不詳]:牡丹江鉄道局総務課,昭和十二年[1937]

36 頁:図表;27 cm

牡局情報資料,第一〇号

该书由牡丹江铁道局出版,是关于黑龙江省劳动力问题的调查。主要包括农作物耕种面积的调查、农家的不同性别人口数以及可以供给劳力数的内容的调查、针对各市的耕种作业所需要的劳力力的差异的调查、各种作业中关于农业劳动力过于不足的状况的调查等内容。书中附有劳动者一人耕作面积的数据表,记录了普通农作物、水稻、经济作物、罂粟、园艺作物的单人耕种面积等内容。

F323.6/2

華北農村ノ所謂余剰労働ノ推算/満鉄北支経済調査所編.—謄写版.—[不詳]:満鉄北支経済調査所,昭和十五年[1940]

15 頁:図表;27 cm

该书介绍了中国北部劳动问题,即对中国北部农村剩余劳动力的推算,主要介绍了山东省、河北省的农户数,成年劳动人口数,耕地的面积,成年劳动力的一人耕作能力,剩余劳动力等方面的内容。

F323.89/2

農村救済復興対策大鋼(案)/満鉄北支事務局調査室編.—謄写版.—[不詳]:満鉄北支事務局調査室,昭和十三年[1938]

4 頁;25 cm

保 No.15,北調農 12,乙立分 258.1,印 60

该大纲主要有农村救济的方针、治安工作的确立、宣传抚助、铁路保护工作、灾民的转移工作、开垦农地的灾民的救济工作、家畜及家禽的补充等的实施要项等内容。

F324/1

華北農産研究改進社工作報告/満鉄.天津事務所調査課編.—謄写版.—[天津]:[満

鉄.天津事務所調査課],昭和十一年[1936]

81頁:図表;27 cm

天調資料,第一六号

该工作报告中对华北农产研究改进社一年的工作进行了总结,主要内容包括下列部门的总结。改良部:有棉产改良、栗试验、小麦试验、高粱试验等方面;农业经济调查部:有调查经过、调查内容、调查方法;实施部:有合作教育的实施、合作社的开发状况;金融组:有生产贷款概况、仓库担保贷款情况。

F324/3

済南棉花買付組合ニ関スル資料/産業部編.—謄写版.—[不詳]:[産業部],[不詳]

1册;27 cm

该书是济南棉花采购组合资料,主要包括地方市场棉花价格构成的分析、地方市场天津间铁路运输杂费的分析、天津诸货物杂费的分析、对日本出口的杂费如:加工费部分、交货费部分、船运费等费用的分析等内容。

F324.9/1

農業倉庫ニ関スル資料/満鉄・北支事務調査課編.—[不詳]:[不詳],昭和十三年[1938]

2,52頁;26 cm

该资料主要是对定县的农业仓库情况、邹平县的庄仓合作社情况、菏泽县的农仓合作社的调查。主要调查了存粮备荒、存粮致富、信用基础的确立、粮价调节、农村粮食供需调节等方面;该书还介绍了农仓法草案、农仓业法、江苏省农业仓库修正规程、江苏省农业仓库经营承认暂行办法、江苏省农业仓库管理处暂行组织规程、江苏省农业仓库暂行业务规程等内容。

F325/3

定縣農村合作社縣聯合社民国二十四年度報告書/満鉄.天津事務所調査課編.—謄写版.—[天津]:[満鉄.天津事務所調査課],[不詳]

111頁;26 cm

天調資料,第三四号

该报告记录了定县农村合作社县联合社创立的经过、组织、经费、地位、在机构中的关系、与其他团体的关系、社务的发展、合作教育的实施等工作概况,及该社提倡储蓄的经过、主要业务经营的概况、辅助业务经营的概况、各种合作社会计制度的规定等内容。

F326/1

滿洲國水産業ノ沿革トソノ重要性(秘):綜合資料/調査部資料課編.—[不詳]:[不詳],昭和十四年[1939]

29 頁;26 cm

調資資二乙三九第一號,一二八

该资料主要包括中国东北等地区的水产业的沿革、水产品鱼类的现状、由供需关系看水产业的重要性、水产品增产计划的必要、水产增产计划等内容。

F326/2

京漢沿線各縣各作物概況/[不詳].—謄写版.—[不詳]:[不詳],[不詳]

62 頁:図表;27 cm

该资料介绍了京汉沿线各作物的概况,如各地的小麦、大麦、棉花、玉米、高梁等作物的种植情况、耕地面积单位产量、总产量情况。另外还列举了京汉沿线各县的家畜数,如牛、马、羊、骡子、猪的数量,同时涉及了农业的受害情况,如水灾、战争等的灾害对农业的影响等内容。

F326.1/1

(極秘)康德六、七年度種子配給数量:資料時報/調查部資料課編.—謄写版.—[不詳]:[不詳],昭和十五年[1940]

46 頁:表;26 cm

調資二資四〇甲第二号ノ一五

该资料记载了 1940 年水稻、大豆、高粱、玉米、小麦、大麦、燕麦、花生、蔬菜、蓖麻、柞蚕等的种子配给数量、配给计划等内容。

F326.11/6

昭和十六年度中支産米豫想収穫高/滿鉄.上海事務所調査課編.—謄写版.—[上海]:[滿鉄.上海事務所調査課],昭和十六年[1941]

4 頁;26 cm

该资料是对 1941 年度华中地区的水稻产量作的推算情况等内容。

F326.11/7

天津地区食糧対策調査委員会中間報告/華北綜合調査研究所　臨時食糧対策調査委員会編.—謄写版.—[不詳]:華北綜合調査研究所臨時食糧対策調査委員会編,昭和十八年[1943]

57 頁;26 cm

该资料主要包括对天津地区粮食收买方法的实绩探讨和展望情况,对汇货机关、汇货量、价格关系、资金关系、麻袋、仓库关系等方面的调查,并附有天津磨坊数及杂谷粉生产能力等诸多的表格。

F326.11/8

北支小麥の品質及需給に関する調査/興亜院編.—[不詳]:[興亜院],昭和十五年[1940]

184 頁:地図,写真;21 cm

興技調査資料,第四八号

该书是对中国北部小麦的品质以及供需情况的调查报告。在对小麦的品质及利用的调查中,介绍了小麦的质量和性状、食品用小麦粉等内容。在小麦供求调查中,介绍了小麦的生产、往年的小麦供求状况、小麦供求的现状等方面。同时也介绍了小麦的栽培等方面的内容。

F326.12/1

支那ニ於ケル落花生ノ生産ト其ノ貿易(其一).1,總論/済南鉄路局資業科編.—[不詳]:[不詳],[不詳]

1 冊;25 cm

该资料主要包括总论、花生油和花生糟的生产、国内贸易和海外贸易、结论四部分。在总论中,介绍了花生及其加工在中国的出口贸易中的地位。在花生油和花生糟篇中,介绍了花生的来历、栽培及其气象条件、种类、等级、花生的用途等内容。在花生的种类篇中,根据花生果实的大小分为大颗粒花生和小颗粒花生。在花生的用途篇中,介绍了花生的直接用途和间接用途。在中国花生的栽培面积和年产量篇中,介绍了通过调查各省的花生栽培面积后得出的中国花生的栽培面积的结论。

F326.12/2(1)

北支の棉花.其の一/永谷國一著.—大連:南満洲鉄道株式会社,昭和十四年[1939]

4,2,433 頁;22 cm

该资料为青岛日本商工会议所发行的“满铁”华北经济资料合订本第 11 号,是对华北棉花状况的调查第一部分。主要有对华北棉花产业的考察,华北农业经营的状况,华北的农业劳动情况,农舍及农具、家畜及家禽、农作的产物消费和贩卖及物资的购入状况,农村金融状况,租税诸项负担情况,华北的副业、移民、农耕情况，农家的生活情况，度量衡问题，主要作物的栽培收支、农家的经营收支情况，华北棉花改良增值情况，棉花市场内棉花流通情况，华北棉作地农村的事情，对华北棉花状况的调查等内容。资料中涉及青岛的气候、调查的统计数据、棉花市场需求等方面，并附有诸多的统计数据、地图和照片。

F326.12/4

北支の葉煙草栽培地帯に於ける農業経営の変化/菊地清編.—大連：南満洲鉄道株式会社，昭和十七年[1942]

64 頁：図表；22 cm

満鉄調査研究資料，第六十三編；北支調査資料，第二十二輯

该书是由菊池编写的，介绍了华北烟草栽培地区农业经营的变化。主要有烟草的栽培普及情况、烟草栽培以来农业经营的变化情况、七七事变后烟草栽培和贩卖的情况。在烟草栽培的普及情况篇中，介绍了栽培烟草的土地的开发条件和美国在山东省种植烟草的普及过程。在栽培烟草的土地的开发条件篇中，介绍了烟草栽培的自然条件和生产条件、与流通位置相关的普及情况。在山东省种植烟草的普及过程篇中，介绍了山东的烟草普及情况、益都县孟家炉的烟草普及情况。在烟草栽培以来农业经营的变化篇中，介绍了华北地区土地关系的变化、经营费用的变化、劳动情况的变化、经营形态方面的变化、农业收入的构成及所得收入的变化等内容。在七七事变后烟草栽培和贩卖的情况篇中，介绍了烟草生产的各种条件的变化及其影响、烟草收购的情况及其变化。

F326.12/6

間島省ニ於ケル康徳六年度亜麻作ノ實績ニ付テ/調査部資料課編.—謄写版.—[不詳]：[不詳]，昭和十四年[1939]

40 頁：表；26 cm

調資資ニ乙三九第一号ノ一九〇

该资料是对间岛省（注：1931 年日本侵略者扶持前清皇帝爱新觉罗·溥仪在东北建立的傀儡政权“伪满洲国”时，东北地区的行政区划地域，位于今吉林省东部）1939 年亚麻作物的调查内容。主要包括从收益上看种植亚麻作物的成绩、从生产费看亚麻作物的价值、从 1939 年年度收成看一般农民对亚麻作物的意向等内容，附有亚麻生产的调查表。

F326.12/7

北支綿花改良増殖九箇年計画（案）/満鉄.北支事務局調査室編.—謄写版.—[不詳]：

[满鉄.北支事務局調查室],昭和十三年[1938]

56頁;26 cm

该资料是针对中国北部棉花改良增值的计划。主要内容包括棉花改良的方针、要领和处置。其中在处置篇中介绍了棉花增产的地域、奖励的品种及普及的地域,奖励增值预定的面积及产量,每年棉花扩大的面积,棉花种子的生产及配备分布,种植棉花的奖励的普及及助长团体的设立情况、棉花的灌溉设施的普及情况,棉花的防治自然灾害情况、土地改良的情况、关税等间接地处置等情况。该资料附有各省种植棉花扩大的预定面积和收获量表、山东省改良增值计划表等诸多图表。

F326.12/8

北支那棉花改良増産三箇年(自昭和十四年至昭和十六年)實施計画大綱経費豫算/興亜院華北連絡部経済第二局編.—謄写版.—[不詳]:[興亜院華北連絡部経済第二局],昭和十六年[1941]

1冊;27 cm

该书是1939～1941年中国北部棉花改良增产实施计划大纲经费预算书。其中,包括原种圃费、采种圃费等费用的预算。主要对工资、房费、奖金、杂项开支、租房费、农具购入费、旅费、通信运输费、消耗品费、取暖费、药剂费、肥料费、水利水电费、种子购买费、麻袋费等费用进行了预算。

F326.2/2

北支産業開発四箇年計画木材需給表/満鉄.北支事務局調查室編.—謄写版.—[不詳]:満鉄.北支事務局調查室,昭和十四年[1939]

5頁:図表;25 cm

保北調農55,乙立分281.1

该资料是中国北部产业开发四年计划木材需求表,包括建筑木材的所需数量和供应量、枕木的所需数量和供应量,电线杆的所需数量和供应量,矿柱的所需数量和供应量、火柴木料的所需数量和供给数量等内容。

F326.27/2

蒙疆政権管内羊毛資源調查報告/水谷國一著.—[不詳]:南満洲鉄道株式会社,昭和十四年[1939]

4,2,180頁:地図,表;22 cm

産業調查資料,第五十七編

该资料是对“蒙疆政权”(注:指第二次世界大战期间日本法西斯势力在内蒙古建立的傀儡政权)所管辖的“伪蒙疆”的位置、面积、地势、土质及地力、气候、牧野概况、羊的饲养管理、绵羊及山羊资源、羊毛资源、“蒙疆”羊毛同业会、羊皮资源及“蒙疆政权”的畜产政策等方面状况的调查。

F326.272.2/1

河北地方ニ於ケル楊、柳、楡、槐、刺槐ノ各屬ニ就テ/華北産業科学研究所編.—謄写版.—北京:華北産業科学研究所,昭和十五年[1940]

4,46 頁:挿図;21 cm

調查資料,第十一輯

该书对河北各地的杨(白杨、响杨、青杨、河北杨、马氏杨等)、柳(河柳、条柳、垂柳等)、榆(大果榆、白榆、小叶榆等)、蝶形花科(槐、龙爪槐、紫花槐等)等树木进行的研究和调查。

F326.3/1

北支の羊毛/青島日本商工会議所資料課編.—青島:青島日本商工会議所,昭和十五年[1940]

8,180,276 頁;22cm

该资料是由青岛日本商工会议所发行的“满铁”华北经济资料合订本第三号,是对华北的羊毛进行的调查。主要有对华北、“蒙疆政权”管辖内的羊毛资源的调查,包括羊毛的产地、羊毛的种类、羊毛的包装、羊毛的运输和集散情况、羊毛的贸易情况、国外市场的中国羊毛的销售情况、周村的散抓羊毛资源等内容。同时,书中也介绍了内地的主要市场,提及了山东省内的周村、济宁、青州、临清等各个市场的羊毛的销售情况,山东省内市场的羊毛上市交易数量、消费情况、贸易情况、洗毛设备等内容。资料中附有诸多的统计数据和地图。

F326.3/3

北支ニ於ケル獣毛集散状態(秘)[総合資料]/調查部資料課編.—謄写版—[不詳]:[調查部],昭和十五年[1940]

22 頁:図表;26 cm

調資資二乙三九第一号ノ二三七

该资料是对中国北部兽毛集散情况的调查。主要调查了中国北部畜产的概况、主要集散地和上市状况。具体介绍了牛皮、狗皮、狐狸皮、羊羔皮、山羊皮、绵羊皮、绵羊毛、山羊绒、猪毛的集散状况。书中附有天津的进出口统计表。

F326.3/4

内蒙古地帯ニ於ケル畜牛預託成績調査報告/満鉄.調査部編.—謄写版.—[不詳]:満鉄.調査部,昭和十四年[1939]

49 頁:図表;25 cm

保 No.260,調調農貳 21,調資分 350—6

该资料对内蒙古畜牛事业的沿革、各地区畜牛的繁殖、牛犊的生产时期、牛犊的育成、成牛的病死和性别年龄的关系、成牛的病死与季节疾病的关系、牛犊的病死、畜牛的淘汰、畜牛的增殖等方面的调查情况。

F326.3/5

如何にして酪農を北満の農業に取るべきか/南満洲鉄道株式会社調査部編.—謄写版.—大連:南満洲鉄道株式会社,昭和十五年[1940]

73 頁:図;22 cm

満洲調査研究資料,第十三編

该资料主要调查了中国东北等地区的自然和酪农的关系、酪农的现状及其针对政策、"伪满洲国"的畜产的饲料和农作物、农场的设计、酪农的经营方法、制酪事业等内容。

F326.3/6

中支ニ於ケル生牛及豚の流動:特ニ昭和十五年度ニ於ケル/満鉄.上海事務所調査室編.—謄写版.—[上海]:[満鉄.上海事務所調査室],昭和十五年[1940]

96 頁;27 cm

保 No.276,上調五—39,丙資分 350—4,印 150

该资料调查了 1940 年在上海市场集散的活牛和猪及迁入量,在苏州、镇江、扬州、南京、芜湖、杭州等市场的牛和羊的生产地、中转市场和独立市场的现状等方面。

F326.8/1(1938)

昭和十三年満洲農産物収穫高豫想/神守源一郎著.—謄写版.—[不詳]:南満洲鉄道株式会社鉄道総局附業局,昭和十四年[1939]

58 頁:地図;27 cm

该书从收获额及耕作情况,对前年和当年的中国东北地区农作物收成的比价,耕作面积,耕作面积比率,大豆、高粱、小麦、水稻等主要农作物预想收获额,东北地区主要地农业气象的概要等方面预测的内容。

F327.1/2

北京地区食糧対策調査報告:蒐貨機構、供給関係、蒐貨量及価格関係/北京地区食糧対策調査委員会編.—謄写版.—[北京]:[北京地区食糧対策調査委員会],昭和十八年[1943]

7,251頁;26 cm

该资料介绍的是对北京地区粮食的囤货机构、供给者的关系、囤货的调查内容。

F327.21/1

薊縣紀各荘平谷縣夏各庄、小辛寨、胡庄農村實態調査報告/伊藤武雄編.—天津:満鉄.天津事務所調査課,昭和十一年[1936]

7,156頁:写真;23 cm

北支経済資料,第二十八輯

该资料是从位置、地势、面积、户口、交通通信、都市概况、沿革、行政、财政、产业经济概况、移民及外出打工者状况、宗教、教育、卫生、治安、部落的社会构成、农家的经营模式和规模、地价及买卖方法、农作物生产状况、牲畜、林产及水产、农家的副业、农业金融、农民的共同组织等方面对夏各庄、小辛寨、胡庄的农村的调查。

F327.22/1

河北省棉産調査/阿部勇編.—天津:天津事務所,昭和十二年[1937]

18,323頁:地図,表;22 cm

该资料以北京、天津、宝坻、丰润、霸县、易县、保定、定县、晋县为调查路径,对河北省的总体概况、棉区的面积等方面情况的调查。

F327.22/2

遵化縣芦家寨農村実態調査報告/伊藤武雄編.—謄写版.—[天津]:満鉄.天津事務所調査課,昭和十一年[1936]

3,210頁:地図,写真;22 cm

北支経済資料,第二十七輯

该资料是对遵化县及遵化县的卢家寨的位置、地势、交通、通信、户口、面积、沿革、行政、财政、产业经济概况、移民及外出打工者状况、治水及灌溉状况、社会构成及风俗习惯、县城物价及度量衡情况、地价及买卖方法、农耕事情、农家的副业及其他产业情况、农村的商工业及金融情况、农业劳动情况、农民的共同组织状况、作物生产状况等的调查。

F327.22/4

密雲縣小営村:香河縣後延寺農村實態調査報告/伊藤武雄編.—謄写版.—[天津]:滿鉄.天津事務所調査課,昭和十一年[1936]

128 頁:地図;22 cm

北支経済資料,第二十九輯

该资料是对密云县及密云县的小营村、香河县及香河县的后延寺村的位置、地势、概况、交通、通信、户口、面积、沿革、行政、财政、产业经济概况、移民及外出打工者情况、治水及灌溉情况、教育宗教情况、社会构成及风俗习惯、县城物价及度量衡情况、地价及买卖方法、农耕事情、农家的副业及其他产业状况、农村的商工业及金融情况、农业劳动状况、农民的生活情况、家畜的特色、林产及水产状况、农民的共同组织状况、作物生产状况等的调查内容。

F327.22/5(4)

河北省農業調査報告:大清河及子牙河流域地帯/南滿洲鉄道株式会社天津事務所調査課編.—謄写版.—[天津]:滿鉄.天津事務所調査課,昭和十二年[1937]

3,51 頁:地図;22 cm

北支経済資料,第三十一輯

该资料是对河北省大清河及子牙河流域地带的地势、气候、地质、水质、牧场等自然条件状况,家畜的种类及分布状况,农家的户数,耕地面积,农耕用家畜数、一头家畜所耕种的面积、一户农家的家畜头数和饲养头数状况,家畜的饲养管理、饲料的种类方法和畜舍状况,家畜的农耕劳力等畜牧状况,畜产资源、畜产物、家畜的上市和交易等情况的调查内容。附有调查地域及经路图。

F327.22/6

河北省滄縣農村概況:並に全縣碱地調査及び改良意見/南滿洲鉄道株式会社天津事務所調査課編.—天津:南滿洲鉄道株式会社天津事務所調査課,昭和十一年[1936]

82 頁:地図,図表;22 cm

北支経済資料,第十一輯

该资料对河北省沧县的白家口村、许家、南陈屯、王官屯、后辛庄、李庄、白官屯村的村民的户口、职业、生活、村中的土地抵押、店铺、当铺、苛捐杂税、副业经营、风俗、教育情况、卫生、村政情况、社会组织、宗教等状况的调查。

F327.22/7

河北省棉産調査報告書/阿部勇編.—天津:天津事務所調査課,昭和十二年[1937]

323 頁:地図,図表;22 cm

北支経済資料,第三十五輯

该资料是对北平、天津、宝坻、丰润、卢龙、霸县、易县、保定、定县、唐县、晋县、沧县、吴桥、南宫、高邑、顺德、邯郸、大名等各区概况以及棉产业情况的调查报告书。

F327.22/8

北支那に於ける棉作地農村事情:河北省通縣小街村/野中時雄編.—謄写版.—天津:南満洲鉄道株式会社天津事務所,昭和十一年[1936]

250 頁:地図,写真;22 cm

该资料是对河北省通县小街村的调查。主要调查了通县的位置、地势、县势、村落的构成及聚集情况、交通、土地所有状况、土地经营情况、佃户的惯性、地价及买卖方法的农业经营的状况、农业劳动状况、农舍及农具情况、家畜及家禽数量、农作物的产量、消费情况、贩卖机物资的购入情况、农村金融状况、租税的各种负担状况、移民及外出打工状况、农耕事情、农家的生活事情、农家的经营收入情况、由棉作物看农家经济状况等方面。该资料附有小街村的位置、小街村全图等图片。

F327.22/9

冀東地区及河北省ノ被害状況/[不詳].—謄写版.—[不詳]:[不詳],[不詳]

36 頁;26 cm

该资料是对冀东地区和河北省由于降雨引发的灾害状况的调查,主要包括受灾的地域和状况、各县的受灾的现状等方面的调查内容。

F327.22/10(2)

河北省農業調査報告.二,平漢線「望都一石家荘」沿線及其西部地帯/南満洲鉄道株式会社天津事務所調査課編.—[天津]:南満洲鉄道株式会社天津事務所調査課,昭和十一年[1936]

3,51 頁:地図,写真;22 cm

北支経済資料,第二十六輯

该资料对河北省的农业和畜产做了调查。主要内容包括农业概况、灾害状况、耕地的分配状况、佃户的情况、耕作面积状况、灌溉状况、农业金融情况、合作社状况、农户的负担情况、副业情况、家畜的分布和分布状态、饲养牲畜的头数、家畜的资源、畜产物和畜产的交易状况、交易机关和交易状况、畜产的上市季节和数量、畜产设施等方面。

F327.25/1

山西省運城地区農村概況調查報告/満鉄北支経済調查所編.—謄写版.—[不詳]:[満鉄北支経済調查所],昭和十六年[1941]

238頁;24 cm

该资料是对山西省运城地区农村的调查。主要内容包括运城地区农村治安状况、行政财政状况、农业生产状况、通货金融状况、物资的汇集状况、配给和价格情况、农家生活必需品的购买情况、农村金融状况、农村生活的诸方面情况及治安、生产流通等的对策等方面。

F327.26/1

包頭附近農村實態調查報告:鐙口郷鐙口村及東村/境米市編.—謄写版.—[不詳]:満鉄.北支事務局調查部,昭和十四年[1939]

83頁;22 cm

北支経済資料,第十輯

该书是对包头镫口乡镫口村及东富村农村状况的调查内容。主要包括位置、地势、土壤、灾害、交通、通信、沿革、行政、农村社会构成、农家经营样式和规模、佃农的惯例、低价及土地买卖的方式、作物生产状况、农耕事情、农具状况、家畜及家禽的数量、农家的副业及其他产业情况、农村的商工业情况、农村金融情况、农业劳动情况、移民及外出打工者状况、农民的生活事情、教育、宗教、社会惯例等方面。

F327.31/1

関東州ノ農業/満鉄.調查部編.—謄写版.—[不詳]:[満鉄.調查部],昭和十四年[1939]

6頁;27 cm

保No.301,調調農壱27,丁資分340—0,印100

该资料主要对关东州(注:指日本占领的旅大租借地)的气候、地势及土壤等的农业的自然条件状况、农村的构成因素,含蔬菜、棉花、花生、水稻等农作物种植状况,畜产情况,含农业经营形态、农业劳动量、农业技术、农业资本等农业经营以及日本的农业移民状况等的调查。

F327.31/2(1937)

農家経済調查報告:豊潤縣宣荘鎮米廠村/水谷國一著.—大連:南満洲鉄道株式会社,昭和十五年[1940]

95頁:図表,地図;23 cm

北支経済調查所編(北支調查資料第 16 輯)

该资料是对丰润县宣庄镇米厂村的农家经济、决算、成果的构成、农家的所得的劳动的调查内容,并附有村庄的概况、本调查的集计方法、农家经济调查表等。

F327.34/1

新京ヲ中心トスル産業経済事情:資料時報/調查部資料課編.—謄写版.—[不詳]:[不詳],昭和十五年[1940]

38 頁:表;26 cm

調資二資四〇甲第二号ノ一三

该资料介绍了以新京(注:今长春)为中心的产业经济状况,主要包括新兴产业和农产品上市的概况、商工业界近期的趋势、交通概况、重要特产专管的法令和主要粮谷统制法实施后的影响等内容。

F327.35/1

康徳七年度三江省蔬菜増殖計画:資料時報/調查部.資料課編.—謄写版.—[不詳]:[北支経済調查部],昭和十四年[1939]

11 頁;28 cm

調資資二甲三九第二号ノ七一

该资料主要包括三江省(注:1931 年日本侵略者扶持前清皇帝爱新觉罗·溥仪在东北建立的傀儡政权“伪满洲国”省份之一,位于黑龙江地区东北部)蔬菜栽培耕作面积表、蔬菜种子配给计划表等诸多图表。

F327.35/2

黑龍江省纳河、克山、泰安鎮、地方農業調查報告/満鉄経済調查会編.—謄写版.—[不詳]:満鉄経済調查会,昭和九年[1934]

193 頁:図表;27 cm

该资料对黑龙江省纳河县克山、泰山等地的气候以及土壤、居民的各种职业人口情况、农村村落的分布、教育状态、卫生状态、农业经营的状况、土地的利用状况、主要农作物播种面积及生产额、地价以及土地的买卖方法、主要谷物的贸易情况、农业劳动状况、畜产情况、农家经营收支情况等方面的调查。

F327.35/3

牡丹江省康徳七年度農業開発計画鋼要(極秘)[資料時報]/調.資料課編.—謄写版.—[不詳]:[不詳],昭和十五年[1940]

4,32 頁;26 cm

調資二質四〇甲第二号ノ一六

该资料主要包括黑龙江地区东南部农业开发的方针、要领,农作物耕作面积的合理化方针,对农产基本设施的扩充计划,生产技术的渗透状况,病虫害防治以及水稻、小麦、燕麦、大豆、玉米、蔬菜、烟草、牧草、亚麻、蚕丝种植等内容。

F327.52/2

泰安地区に於ける落花生取引機構/三浦虎六編.[北京]:國立北京大学附設農村経済研究所,民國 31 年[1942]

72 頁;21 cm

研究資料,第十二号

该书是由国立北京大学附属农村经济研究所编写,主要介绍了泰安地区花生的交易机构。该书分为两部分,第一部分介绍了泰安地区花生的交易机构。主要有山东省花生栽培状况、泰安地区花生的生产量、泰安以及大汶口的交易情况及交易机构、泰安东部及南部的果子庄园的花生的种植和生产情况、农村地区经纪人的米油贩子的情况。第二部分为泰安大汶口城郊榨油业概况的报告书,主要包括油坊情况、产量及销路、原料及辅助材料、榨油用具及方法、油坊全年的工作及经营费用、劳动者的生活及雇佣状况等内容。

F327.52/5

山東綿業調查報告/境米市編.—謄写版.—大連:南滿洲鉄道株式会社北支事務局調查室,昭和十三年[1938]

241 頁:地図;22 cm

北支調查資料,第四輯

该书是由"满铁"华北事务局调查部所撰写的关于山东棉业的调查报告。该书涉及棉花生产、棉花的种类及质量、棉花的运输和销售、山东棉业的运输销售合作以及调查建议等内容。在概述篇里,介绍了本次调查的经过、山东棉业的重要性。在棉花的生产章节中,介绍了棉田面积、棉花产量、棉花的种类及质量、耕种情况、生产费及价格、棉花的承制、生产资本等内容。在棉花的运销章节中,介绍了棉花的棉产区域、市场。在山东棉业运销合作章节中,介绍了山东省的合作社状况。该书附有山东省各地棉花产地分布图、山东省各县棉花运销路线图、梁邹米棉运销合作社各办事处收花区域图、广东县棉花销量路线及集散情况图、滨县棉花销量路线及集散情况图、蒲县棉花销量路线及集散情况图、临清县棉花销量路线及集散情况图等图表。

F327.52/6

山東農畜産増産計画案(第二次案)/滿鉄・経済調査委員会編.—謄写版.—[不詳]:[不詳],昭和十二年[1937]

9頁;27 cm

保No.954,大経準委7,乙立分331,印100

该计划主要是对山东的棉花、小麦、绵羊的增产和增产的计划。主要包括山东省棉作的现状、对未来增产的看法、棉田的扩展、灌溉增产的策略、对山东麦作的现状和未来增产的预测等内容。并从生产设施、流通方面和资金方面介绍了增产的做法、所需要的资金、出资者以及经营等内容。

F327.52/7

青島近郊に於ける農村實態調査報告:青島特別市李村区西韓哥荘/境米市編.[不詳]:滿鉄.北支事務局調査部,昭和十四年[1939]

135,25頁:図表;22 cm

北支調査資料,第四輯

付録がつけ加わる

该书是由“满铁”华北事务局调查部编写的关于青岛特别市李村区西韩哥庄农村实况的调查报告,主要介绍了该地区的村庄概况、土地分配状况、佃户的形态、农产品的种植面积及生产状况、农耕事情、家畜及家禽的饲养情况、农业劳动状况、农业以外的劳动情况、农产品以及一般物品的交易情况、税租情况、金融以及负债状况、农村社会经济状况等内容。资料中附有相关图表。

F327.52/8

青島ヲ中心トスル農業調査/滿鉄・調査部編.—謄写版—青島:[滿鉄・調査部],昭和十四年[1939]

75頁:図表;27 cm

保No.386,調二調24,乙資分340—19,印150

该书是由“满铁”调查部编写的以青岛为中心的农业状况的调查报告。主要包括了青岛周边土地的利用以及所有状况,总面积以及耕地面积,农家户数以及农业人口,农民土地所有及经营面积,农产品、畜产品、农产品等农业生产物的分布情况,小麦、棉花、花生、烟草、杂粮、牲畜以及畜产品青岛市农产物上市状况等内容。该资料附有华北农业开发九年计划、中国北部的农产品的消费状况、山东省农产品剩余数量表以及济南农产品的流通状况等资料。

F327.52/10

山東黄色葉煙草の生産並に収買機構の発展/農業経済研究所編.—北京:農業経済研究所,昭和十七年[1942]

1,2,2,118 頁:挿図;22 cm

研究資料,七

该资料主要有山东省黄色烟草产地的发展及其收购商行的发展状况、山东黄色烟草的生产过程、山东黄色烟草的收购过程、事变后烟草收购机构的演变过程、华北烟草公司烟草生产的指导奖励等方面的内容。在山东省黄色烟草产地的发展及其收购商行的发展篇中,介绍了烟草的试作期和发展期、七七事变前收购烟草的英美托马斯的情况、七七事变前山东烟草的发展情况等内容。在山东黄色烟草的生产过程篇中,介绍了山东黄色烟草生产的普及程度及其前后收成的关系、烟草的生产过程、烟草的生产费、与烟草生产有关的商业资本功能等内容。在山东黄色烟草的收购过程篇中,介绍了烟草收购场所的构造、品质的优劣和等级、再干燥过程、山东本地烟草的收购方法等内容。在七七事变后烟草收购机构的演变篇中,介绍了烟草及产地消费的激增,1939 年以后所产的烟草、统一购买的方向等内容。在产地消费的激增篇中,提到了青岛、天津、上海的烟草的消费情况。该书附有胶济沿线黄色烟草产地和收购地地图。

F327.52/11

青島の水産概況/青島特別市社会局経済科編.—謄写版.—青島:[不詳],民國 28 年[1939]

45 頁;22 cm

该资料是对青岛水产的概况、青岛的地势、海洋状况、气象状况、渔业状况、水产组合等做的调查内容。

F327.52/12(1)

北支農村概況調査報告.一,恵民縣第一区和平郷孫家廟/水谷国一著.—大連:南滿洲鉄道株式会社,昭和十四年[1939]

9,226,7 頁:図表,写真,地図;22 cm

北支調查資料,第十五輯;滿鉄調查研究資料,第十四編

该资料是由水谷国一编写的以惠民县第一区和平乡孙家庙为主的中国北部农村概况的调查报告。该资料主要分为县概况和小村庄的概况两部分。主要包括该地区的位置、地势、土壤性质、气候等自然条件概况,面积及户口情况,交通及其通信情况,治安状况,历史、行政及其财政状况,产业、工商业、土地、佃耕习俗、

农业劳动、农舍及其农具、耕畜、农耕情况，农作物的种植及其生产情况，家畜和家禽情况，农作物的处理和交易情况，征收租税情况，负债和贷借款例行情况，农业之外的劳动情况，农村的社会情况等内容。该书附有山东省惠民县图、惠民县附近的各县图、所调查部落的附近交通图、孙家庙聚落图、家庭人数表、所拥有的土地及经营面积表、农业及农业以外的劳动表、家畜及家禽的数量表、种植面积及产量表、农作物的收支表、不同种类的大体收入表、各农户调查表等图表。

F327.52/12(3)

北支農村概況調查報告.三，維縣第一区高家楼村/水谷国一著.—大連：南満洲鉄道株式会社，昭和十五年[1940]

11，199，24頁：挿図、図表、地図；22 cm

満鉄調査研究資料，第十七編

该资料是由水谷国一编写的以潍县第一区高家楼村为主的中国北部农村概况的调查报告，主要分县概况和小村庄的概况两部分。主要包括该地区的历史、地理、行政、财政、治安、产业、重要市镇、农业、矿业、工业、商业、佃耕习俗、农业劳动、农舍及其农具、耕畜、农耕、农作物的种植及其生产、家畜饲养、农作物的供需和交易、负债和贷借款、农业之外的劳动、农村的社会情况等方面的内容。该书附有潍县地图、潍县城乡最新地域图、山东省潍县中和镇高家楼村略图、职业表、家庭成员数量极其从业情况、土地关系表、种植面积及产量表、主要的现货收入表、主要的现货支出表、家畜家禽表、借贷的耕畜及农具表、雇佣关系表、副业表等图表。

F327.52/14

小麦の生産・消費・販賣とその事変前後の変動：山東省高密縣・青島市膠縣農村調查成績を中心として/北支経済調查所編.—[不詳]：南満洲鉄道株式会社，[不詳]

2，2，53頁；22 cm

満鉄調査研究資料，五四

该书是由南满洲铁道股份公司编写的以山东省高密、青岛市胶县农村的调查成效为中心的介绍小麦的生产、消费、贩卖的情况及七七事变前后的不同状况的调查报告。主要内容包括小麦的生产及其处理、影响小麦生产的因素、小麦的商品化的前后变化等内容。在小麦的生产及其处理篇中，介绍了小麦及其夏季作物的种植情况、小麦的产量、小麦的消费情况、小麦的贩卖情况等内容。在影响小麦生产和商品化的外部条件前后的变化篇中，介绍了该地区的治安情况、各物价间的失衡情况。在小麦的生产及其商品化的前后变化篇中，介绍了种植面积的变化、单位面积产量的变化、小麦的消费及其贩卖比例的变化、小麦市场出口情况的变化等内容。

F327.52/15

青島ニ於ケル主要食糧ノ需給竝ニ出廻事情/青島事務所編.—[不詳]:青島事務所,昭和十六年[1941]

1 冊:図表;26 cm

该资料是对青岛市内的小麦、高粱、粟等的供需情况以及腹地的出口情况、粮食的配给机构、交易惯例、各种对策等方面做的调查。主要记录了青岛市主要粮食产品的生产情况和胶济沿线的运输情况、青岛市内的供需情况、粮食流通的路线状况、积聚的货物及其配给机构的情况、交易惯例、青岛市场的价格情况、青岛的粮食对策等内容。在对胶济沿线的运输情况篇中,记录了七七事变前胶济沿线地区的粮食的消费情况及运输到青岛市场的情况、事变后胶济沿线各县的供需及其运输到青岛市场的情况。在对青岛市内的供需情况篇中,从七七事变前后的消费情况、七七事变后所需消费量、七七事变后的供需情况方面对青岛的粮食的供需情况进行了分析。在对青岛市场价格篇中,记录了批发的价格和零售的价格情况。在描述青岛的粮食对策篇中,记录了生产对策、供需对策、机构对策、价格对策。该书附有青岛四站主要粮食产品通过各铁道输出地的统计表、青岛四站主要粮食产品通过各铁道输入地的统计表、青岛港主要粮食产品通过海路输出地表、青岛港主要粮食产品通过海路输入地表、发往胶济线各站主要粮食产品的吨数表诸图表。

F327.52/16

青島ヲ中心トスル農業調査/北支調査部編.—[不詳]:[不詳],[不詳]

69 頁;27 cm

该资料是华北调查部编写的以青岛为中心的农业调查报告,主要介绍了青岛腹地的土地利用的情况、农产品及其出口情况。其中,详细介绍了土地总面积和耕地面积状况,农户数和人口情况,土地所有和经营面积情况,农产品和畜产品的数量,小麦、棉花、花生、烟草、杂粮的种植情况等内容。同时,也从治安状态、金融机构、运输机构方面分析了七七事变对青岛出口的影响。该书附有济南农作物的出口状况表、山东省农作物剩余量表、胶济沿线不同县的家畜家禽表、胶济铁路腹地不同县生产的畜产品剩余量表、胶济沿线不同林场表、农业开发九年计划(山东省)等图表。

F327.52/17

青島市政府ノ郷村建設工作:中国郷村建設運動ノ一類型トシテ/満鉄.産業部編.—[不詳]:[不詳],昭和十二年[1937]

2,22 頁;27 cm

该资料主要有青岛市的乡村建设理论、青岛市的乡村建设组织概况、青岛市的乡村建设工作概况及青岛市开展的乡村建设运动的比较等内容。其中,在序言章节里,介绍了青岛市乡村建设运动的起始。在青岛市的乡村建设理论章节中,介绍了青岛市乡村建设运动的三种特殊形态。在青岛市的乡村建设组织概况章节中,介绍了青岛市乡村建设的全部组织机构。在青岛市的乡村建设工作概况章节中,介绍了青岛市各种乡村建设工作中制定的所属各局的计量。书中还介绍了青岛市李村区和沧口区的乡村建设工作概况。

F327.52/18

山東省濰縣調査概要報告:占領地区農村ノ変化ト我方ノ工作状況/満鉄.北支経済調査所編.—謄写版.—[不詳]:[満鉄.北支経済調査所],昭和十六年[1941]

25 頁;27 cm

保 No.133,北経三 3,乙資分 D104,印 150

该书是对山东省潍县的调查概要,包含了潍县治安的工作概况、治安的概况、合作社关系、合作社概况、县公署工作关系等方面的内容。其中涉及了潍坊的土布工业概况、七七事变前后土布的生产和流通机关、七七事变前后的生产和流通机构的变化、寒亭镇农村概况、治安关系经济关系等方面的内容。

F327.52/19

山東農業ノ概要/済南鉄路局資料課編.—謄写版.—[不詳]:[済南鉄路局資料課],昭和十四年[1939]

24 頁;27 cm

该资料为山东省农业概要,介绍了山东省的气象状况,农耕地人口状况,小麦、棉花、花生、烟叶、果实类等农产品生产情况,牛、马、骡子、猪、羊等家畜及畜产物、牲畜饲养情况,牛皮、羊皮、羊毛、猪毛、鸡蛋畜产品等生产加工情况。

F327.52/20

山東農業ノ概況/済南鉄路局総務処資料課編.—謄写版.—[不詳]:[済南鉄路局資料課],昭和十五年[1940]

91 頁;27 cm

该书介绍了山东农业的概况。其中包括山东省的自然条件、耕地的所有以及利用情况、农民的生活情况、农业技术、农业生产和农业关系机关等内容。具体介绍了山东省的地势、土壤、气象、户口、耕地所有，耕地利用、农民的食物、衣服、住所、农具、劳力、灌溉、肥料、耕种样式、耕种技术、农业生产的产量、产地品种、栽培方法、收支计算、造林树种、木材的需求、农事改良设施、农事检测设施、农村合作社等各方面的状况。

F327.53/2

江蘇省無錫縣農村實態調查報告書/南滿洲鉄道株式会社編.—上海:南滿洲鉄道株式会社調查部,昭和十六年[1941]

156頁:地図,写真;22 cm

上海事務所調查資料,第五十編;滿鉄調查研究資料,第三十七編

该资料是对江苏省无锡县的位置、沿革、自然概况、户口及面积、行政、财政及田赋制度、产业、度量衡、荣氏及荣氏庄园、土地关系、佃农关系、养蚕事情、农耕事情、畜产事情、农业劳动、农业外劳动、农产物上市事情、金融事情农家经济、农家的生计、调查部落的社会的婚姻丧礼习惯的调查内容。附有农家概况表、农业劳动表、土地关系表、生产消费表等诸多统计表。

F327.53/3

緊急食糧対策調查報告書.蘇淮地区/華北綜合調查研究所緊急食糧対策調查委員会編.—謄写版.—[不詳]:[華北綜合調查研究所緊急食糧対策調查委員会],昭和十八年[1943]

81頁;24 cm

该资料是从收买方式、汇集货物机构、汇集货物的数量价格关系、交换物资、资金关系、仓库、麻袋等方面对苏淮地区的粮食对策的调查内容。

F327.53/4

江蘇省南通縣農村實態調查報告書/上海事務所調查室編.—[不詳]:南滿洲鉄道株式会社調查部,昭和十六年[1941]

186頁:写真;22 cm

上海滿鉄調查資料,第五十一編

该资料是对江苏省南通县的县政情况、乡镇事情、土地关系、佃农关系、农耕事情、农业及农业外劳动、以土布生产为中心的副业、农家经济、农民的衣食住的状态、农民的家族及社会生活等做的调查。并附有农家概况等多方面的调查统计表。

F327.54/1(10)

支那商品業書.第十輯,米:無錫米市場を中心として/伊藤武雄編.—上海:上海事務所,昭和十四年[1939]

4,2,133 頁:図表;22 cm

该资料记录了无锡市米市场的沿革及现在的地位、无锡的米的贩卖及其数量和价格、米行、碾米厂、堆栈及仓库、米的运输事情、金融、米价、水稻的收入及生产费、盐城的水稻的品种、盐城水稻的分布、盐城水稻的栽培方法和分类、盐城水稻的经济概况、江苏省各县栽培的水稻品种名称等方面状况的调查内容。

F327.54/1(11)

支那商品業書.第十一輯,其の一徽州茶/伊藤武雄編.—上海:上海事務所,昭和十四年[1939]

63 冊;22 cm

该资料是对徽州茶叶的概况及茶地、产额、品种、茶树的栽培,毛茶的制造,屯溪的茶厂,绿茶的制造,茶工,茶叶的包装,茶的运销,茶的课税等方面状况的调查内容。

F327.55/1

寧波地区實態調查書/興亜院政務部編.—[不詳]:興亜院政務部,昭和十六年[1941]

365 頁;21 cm

調查資料,第二十三号

该资料是对宁波地区七七事变前后的状况、宁波港、海关、物价、产业、一般行政、食粮管理办法、钱庄营业规则等方面的调查内容。

F327.57/1

福建省建設報告:二十三年二月ヨリ二十四年六月/福建省政府建設庁編印.—謄写版.—[福建]:[福建省政府建設庁],昭和十四年[1939]

63 頁;26 cm

该资料是对长乐县莲柄港灌溉田复兴工程从灌溉面积、需水量和取水发的审定吸水机场的位置及机械设备设置的状况、天然河流和人造渠道状况、桥闸及沟渠状况、建筑和管理费事情、通信线路和运输状况等的调查和计划内容。同时,对船舶管理处、闽江运输处、闽江验船处的设立、组织机构、管理范围、相关的法规作了说明,还对福建省各县的水利工程作了概述。

F327.61/1

北支農村概況調査報告:彰德縣第一区宋村及侯七里店/南滿洲鉄道株式会社調查部編.—東京:日本評論社,昭和十五年[1940]

158頁:写真,図表,地図;22 cm

该书是由南满洲铁道股份公司调查部编写的以彰德县第一区宋村侯七里店为主的中国北部农村概况的调查报告,主要分为县及所调查的小村庄概况,农业生产和流通情况两个部分。在县及所调查的小村庄概况篇中,介绍了该地区村庄的构成和家庭情况、人口和移动情况、小村庄的生活情况、小村庄的自治和县行政的构成情况。在农业生产和流通情况篇中,介绍了该地区农业生产的条件、流通状况。在农业生产的条件篇中,介绍了该地区的自然条件、耕地的分配经营情况和佃耕情况、耕畜农具的情况、农业资金问题、农户的家庭劳动和雇佣劳动状况、农业的经营及其副业情况等内容。在流通方面,主要包括农作物的商品化、农户必需品的采购、农村的金融情况等内容。该书附有家庭成员人数表、所有土地及经营面积表、主要农作物的收支表、种植面积及产量表、家畜及家畜数量表、农业及农业以外的劳动表、不同类群体的大体收入表等图表。

F327.61/2

彰德縣城附近ニ於ケル群小不在地主ニ就テ/滿鉄.北支経済調查所編.—謄写版.—[不詳]:[滿鉄.北支経済調查所],昭和十五年[1940]

41頁;25 cm

保No.46,北経四9,丁資分258.6,印150

该资料是对彰德县的耕地面积、农村在住地主群的状况、共同佃农的习惯、不在住大地主和小地主群发生的动机因素、有关不在住小地主群的所有地的佃农耕作情况和纠纷事情等的调查内容。

F327.63/1

事変前ニ於ケル漢口ノ「猪行業」/滿鉄.上海事務所漢支所編.—謄写版.—上海:滿鉄.上海事務所漢口支所,昭和十五年[1940]

6頁:27 cm

该书介绍了七七事变前汉口生猪行业的沿革、从业者的组织、资本额、生猪的买卖情况、消费和市场价格情况、输送情以及七七事变前的营业状况等方面的内容。

F328/4

改良農法の實績報告:第二回開拓農法研究会記録/北滿洲経済調查所編.—大連:南

満洲鉄道株式会社，昭和十七年[1942]

2，148 頁；22 cm

该资料为会议记录。主要记录了会议议程中的致辞、开拓农业试验场的概要、北海道出身的耕作农家的实际业绩、北海道出身的水田农家的实际业绩、会议质疑、开拓地的经营指导、闭幕词等内容。

F328.7/1

江蘇省松江縣農産實態調查報告書/[不詳].—[不詳]：[不詳]，[不詳]

8，233 頁：図表，地図；22 cm

该资料是对江苏省松江县的位置、自然条件、沿革、行政、财政、产业、面积、户口、宗教、教育、卫生、交通、通信、治安、家族结构等调查地的自然和行政概况，松江县城的松江米上市状况、日本人经营的酿造厂情况、屠畜及屠杀场情况、华阳镇的小规模榨油厂的机械作业状况，松江县的土地关系、佃农关系、作物生产状况，畜产概况，农业劳动状况、农产品交易情况、金融情况、日本占领后对农村的影响等的调查内容。附有农家概况表、农业人员表、农业劳动表、农业外劳动表等诸多的统计表。

F329.06/1

北満に於ける雇農の研究/南満洲鉄道株式会社調査部編.—東京：博文館，昭和十七年[1942]

11，281 頁：表，写真；21 cm

该书主要介绍中国东北等地区雇农产生的过程、雇农的种类、农业劳动组织、劳动时间、劳动日数、雇佣方法、雇农的流动性、雇农的生活状态、雇农的相互关系及和雇主的关系等内容。

F329.935/1

三江省綏濱縣農業調査報告書/満鉄.経済調査会編.—謄写版.—[不詳]：[満鉄経済調査会]，昭和十一年[1936]

126 頁；27 cm

该资料是对三江省绥滨县的位置、地势、气候、土壤、沿革、面积、人口、户数、水灾状况、治安状况、农耕关系、农具、耕作季节、播种量、收获量、储藏方法、肥料病虫害、家畜、地价、农业劳动者、农家的副业、物价、农作物栽培收支、农民的生活状况、运输关系、顾客及主要货物运输、轮船以外的运输机关等的调查内容。

F329.953/1

江蘇省常熟縣農村実態調査報告書/滿鉄上海事務所調査室編.—上海:南滿洲鉄道株式会社,昭和十五年[1940]

120頁:写真,地図;23 cm

上海滿鉄調査資料,第三十四編

该资料是对江苏省常熟县的位置、自然概况、沿革、行政、财政、户口、面积、交通、通信、产业概况、通货、度量衡、治安状况、村落状况、土地关系、佃农关系、农耕、农业及农业外劳动、农作物的生产及交易、农村的经济及社会状况等的调查内容。附有农家概况表、农业劳动表、土地关系表、家畜头数表等图表。

F331.3/39(7)

邦人農家経済調査報告.第七輯,農家経済調査/滿鉄.産業部編.—謄写版.—[不詳]:[滿鉄.産業部],昭和九年[1934]

70,24頁:図表,地図;26 cm

该资料是对日本侵华时滞留东北沦陷区的日本人的农家经济的调查内容,主要包括农业经营的资本、农业粗收益、农业经营费及农业支出、农家所得、家计费及家计支出、农业经营的基础、农业劳动费配的状况、主要劳动部门的分配状况、单位面积所需劳力、役畜利用状况等内容。附有农家财产构成总括表、农业经营资本构成总括表等图表。

F331.37/1

鉄路自警村経営指導概要/鉄道総局産業課編.—謄写版.—[不詳]:[鉄道総局産業課],昭和十二年[1937]

19頁;26 cm

该资料是对女儿河、黑山头、泰安、白城子、绥化、蛟河、小城、安达、靠山屯、宁安、五家、东京城等各自警村的位置、户数、含养畜、耕种面积、副业等经营方面的调查内容。

F333/1(2)

佛領印度支那の農業経済(翻訳).中巻/Yves Henry著.—東京:東亜研究所,昭和十六年[1941]

3,337頁:地図,挿図;26 cm

该资料是对法属印度支那的主要农作物生产、消费、交易、运输和农业生产组织、土木事业、资本及信用、技术及科学研究等方面的调查内容。

F333/1(3)

佛領印度支那の農業経済(翻訳). 下巻/Yves Henry 著. —東京:東亜研究所,昭和十七年[1942]

366 頁:地図,挿図;26 cm

資料丙第百八十二号ノ三 C,第八調査委員会資料六

该书对印度支那的农村人口、土地及土地所有、牲畜、法属殖民、米作物、养蚕、绢织物的状况、改良及上市烟草业、棉花、甘蔗、橡胶、咖啡、茶叶、蔬菜、花生等其他作物的栽培、农业生产的组织等状况的介绍。

F336.1/2

日満支雑穀(高粱、包米)需給調査/満鉄. 調査部編. —謄写版. —[不詳]:[満鉄. 調査部],昭和十四年[1939]

103 頁:表;26 cm

保 No. 410,調一調 29,丙資分 310

该资料是对中国和日本的高粱和玉米的生产和消费情况、需求组织、各公司的规定、进口价格及价格表、高粱玉米价格及日本养鸡业的调查内容。

F351.2/2(1)

露領極東の魚類及毛皮資源. 上巻/南満洲鉄道株式会社庶務部調査課編. —大阪:大阪每日新聞社,東京:東京日日新聞社,昭和四年[1929]

490 頁:写真,図表;23 cm

露亞経済調査叢書

该书是对前苏联远东地区的鱼类的现状及发展,远东鲑鳟渔业的意义、作为对鱼类资源保存上的重要手段之一的,人工鱼类增殖法、中国的鱼类的交易情况,前苏联远东地区的鱼类罐头业状况、劳动问题、渔业的发展等的调查。

F351.2/2(2)

露領極東の魚類及毛皮資源. 下巻/南満洲鉄道株式会社庶務部調査課編. —大阪:大阪每日新聞社,東京:東京日日新聞社,昭和四年[1929]

2,4,323,6 頁:挿図,地図;22 cm

该书介绍了前苏联远东地区的毛皮资源的贸易及市场状况、远东的渔业的管理机关的情况、前苏联远东地区与日本的相互关系、食盐问题等方面的内容。附有日本与前苏联的渔业条约。

F351.2/4

ソウェート農村の研究/南满洲鉄道株式会社庶務部調查課編.—大阪:大阪每日新聞社,東京:東京日日新聞社,昭和三年[1928]

475 頁;23 cm

露亞経済調查叢書

该书对前苏联的劳动者和农民的关系、农村问题、共营农业和直营农业、农村中阶级的分裂问题和农业、工业、土尔吉斯坦的农业中的各种问题等作了介绍。

F351.2/5

露領極東の農業と植民問題/南満洲鉄道株式会社庶務部調查課編.—大阪:大阪每日新聞社,東京:東京日日新聞社,大正十五年[1926]

176 頁;23 cm

露亞経済調查叢書

该书对前苏联远东地区的农业、农业发展的因素及沿黑龙江沿岸各地区的概况、农业成绩、中国东北地区农业的发展和对黑龙江地区的意义、沿黑龙江地区的殖民状态等方面做了介绍。书中附有陆军经理部的沿黑龙江地区的谷类购入成绩。

F351.261/1

ソウェート聯邦の資源と産業.亜麻編/南满洲鉄道株式会社庶務部調查課編.—大阪:大阪每日新聞社,東京:東京日日新聞社,昭和三年[1928]

182 頁:図表;23 cm

露亞経済調查叢書

该书介绍了第一次世界大战前沙俄亚麻栽培的历史,亚麻的种耕作和纤维的采制,农民的农业组织中对亚麻的运作情况,战前沙俄的亚麻工业的状况,沙俄亚麻的交易和战前的出口情况,前苏联的亚麻业的状况,西欧及前苏联近年的亚麻业状况等方面。

F351.262/1

露領極東の森林利権/南满洲鉄道株式会社庶務部調查課編.—大阪:大阪每日新聞社,東京:東京日日新聞社,昭和二年[1927]

174 頁:図表,写真,地図;23 cm

露亞経済調查叢書

该书主要介绍了前苏联远东地区的林地面积及植物区系、生长的主要木本树种及其工艺的特质,前苏联远东地区各省市的森林状况、各省森林的权利区域、前苏联远东地区的经营人状况、长期经营森林权利范围内的主要条件等内容。

F351.27/1

沿黒龍地方の農業/南満洲鉄道株式会社庶務部調査課編.—大阪:大阪毎日新聞社,東京:東京日日新聞社,昭和二年[1927]

228頁:地図;23 cm

露亞経済調査叢書

该书介绍了沿黑龙江地区的农业区域、地力、土地的起伏、土地所有权、农业经营的方法及轮作、新地的开垦、休闲地及旱地、农业劳动者、气候、主要作物、播种及作物的保护、收割、收获、主要作物的生产费、谷物的需求及价格等方面。

F351.27/1(1)

露領黒龍州の畜産業.上巻/南満洲鉄道株式会社庶務部調査課編.—大阪:大阪毎日新聞社,東京:東京日日新聞社,昭和二年[1927]

122頁:写真,図表;23 cm

露亞経済調査叢書

该书介绍了前苏联区域内黑龙江沿岸的家畜数、在居住区的畜群数及其比例、家畜的夏季饲养情况、地理关系、地形和土壤状态、黑龙江沿岸村落的散聚状态、牧场及牧野的植物、气候、畜牧条件、给水场所、冬季家畜的饲养情况、地方畜产等方面。

F351.27/1(2)

露領黒龍州の畜産業.下巻/南満洲鉄道株式会社庶務部調査課編.—大阪:大阪毎日新聞社,東京:東京日日新聞社,昭和三年[1928]

534頁;23 cm

露亞経済調査叢書

该书介绍了前苏联区域内黑龙江沿岸畜产的概况、畜产的改良计划、村落居民的畜产情况、土地私有主的畜产情况、牧草的栽培情况等内容。附有对饲料有用的野生植物的试验及其化学分析的资料等。

F407.7/5

中支ヲ主トシタル肥料問題/満鉄.上海事務所調査室編.—謄写版.—[不詳]:[満鉄.上海事務所調査室],昭和十五年[1940]

86 頁;26 cm

保 No.166,上調五一 27,丁資分 349—1,印 120

该资料主要包括以华中地区为主的化学肥料的进口状况、中国北部化肥的交易事情及贩卖地域、华中硫铵肥料工业的现状及需要额情况、七七事变对有机肥料的出口状况的影响、中国农业和肥料问题等内容。

F41/2

英国ノ石炭業(ムノゴレット)日本ノ戦時経済(アヴアリン)/満鉄.調査局編.—謄写版.—[不詳]:[満鉄.調査局],昭和十八年[1943]

68 頁;26 cm

该资料介绍了英国燃料中的煤炭的地位、英国煤炭业统制情况、英国煤炭生产的推移和劳动对策、英国碳矿设备的落后性、英国煤炭消费的统制情况、英国煤炭出口减少的影响、英国的煤炭的对策以及日本经济的特征、英国的重工业和轻工业的比重、英国重工业原料的对外依存性、战争所依据的原料供给的变化、金融资本情况、战时对经济统计情况、粮食问题、补助对策、煤炭业状况、石油业状况、轻工业业状况、战时财政等内容。

F416.8/2

世界植物油脂経済界に於ける棉實の地位と北支棉實利用問題/境米市編.—大連:満鉄.北支事務局調査部,昭和十四年[1939]

194 頁;22 cm

北支調査資料,第六輯

该资料主要介绍了世界棉花的利用状况、各国棉业状况、中国北部棉花的利用现状及其未来发展情况。在世界棉花的利用概况篇中,介绍了棉花的生产、贸易、用途、世界棉花油坊工业的过去及其现状,棉籽油的生产、贸易及其用途,棉花糟的生产、贸易及其用途,棉籽绒的生产和用途,皮壳的生产和用途等方面。在利用各国棉花状态篇中,介绍了美国、英国、埃及、印度、中国、日本等国的棉花种植和生产的情况。在中国北部棉花的利用现状及其发展篇中,介绍了中国北部棉籽油的制造情况及对华北棉花利用的相关考察;其中,在棉花的出口中介绍了青岛的棉花出口情况。

F42/5

北支民族工業の発達/三品頼忠著.—東京:中央公論社,昭和十七年[1942]

95 頁;18 cm

该书由“满铁”弘报课编,介绍了华北民族工业发展状况。主要有华北工业化概观,华北工业中重工业部门电力事业、采煤业、铁矿业、机械工业状况,对化学工业部门的阶段性分析,华北民族工业的发展形态问题,七七事变后民族工业的发展动向等内容。书中也介绍了青岛的纺织等工业发展情况。

F42/6

北支の工業/青島日本商工会議所編.—青島:青島日本商工会議所,[不詳]

1冊;22 cm

该书为青岛日本商工会议所编,为“满铁”华北经济资料合订本第四号。介绍了济南、天津的制造工业状况,中国的纤维工业、食料品工业、化学工业和杂工业、纺织业等工业部门的状况,中国的主要工厂生产状况等方面。书中也介绍了山东棉花、小麦生产的状况,山东的织布业、面粉业的优势,济南市场销售圈,济南的染料业,造纸业的生产状况,青岛的多个工厂的经营状况等内容。

F42/9

北支セメント・石油工業調査部報告/[不詳].—[不詳]:支那駐屯軍司令部乙嘱託班,昭和十二年[1937]

113頁:表,地図;22 cm

北支・産業調査書類,第四編第四巻

極密

该资料是对中国北部水泥和石油工业的调查报告,主要包括调查内容、对策、要领和说明等内容。

F42/11

滿洲國重要産業統制法ノ實施ト滿洲重要産業ノ現状/満鉄.経済調査委員会編.—謄写版.—[不詳]:[満鉄.経済調査委員会],昭和十二年[1937]

115頁;28 cm

保No.1570,満産五委76,丁資分302,印50

该资料主要包括“伪满洲国”重要产业统制法发布的经过,“伪满洲国”重要产业统制法的概要,“伪满洲国”的兵器、飞机、汽车、毛麻织品、制糖、烟草洋灰等重要产业的概况等内容。

F42/12

工業立地ヨリ看タル北支セメント工業ノ現態ト其ノ発展動向/満鉄.北支事務局調

查室編.—謄写版.—[不詳]:[満鉄.北支事務局調査室],昭和十三年[1938]

98 頁:図表;25 cm

保 No.132,北調化 16,丁資分 252.1,印 100

该书从工业立地方面来介绍中国北部水泥工业的现状,如中国北部水泥工业的发展和特质,需求量和其消费圈,水泥工厂的成本构成要素的比较研究,对中国北部新水泥创业的布局条件的考察,对未来需求的预测,燃料资源情况,现行关税上的进口产品情况,中国北部水泥工业的扩充和产品配给的调查情况,日本水泥公司对中国的发展计划等内容。

F42-5/1(8)

満洲產業開發五箇年計画関係月報(八月分)/満鉄.経済調查委員會編.—謄写版.—[不詳]:[満鉄.経済調查委員會],昭和十二年[1937]

99 頁;27 cm

保 No.1380,満産経委 61,乙資分 062,S302,印 150

该月报是对铁、煤炭、液体燃料、车辆、运输、农畜、资金、轻金属、电力、汽车、造船、劳动力等科目的重要会议决议事项、业务处理状况等方面的计划的记录。

F423.1/1

具体的電力増産五箇年計画/満鉄経済調查委員会編.—謄写版.—[不詳]:[満鉄.経済調查委員会],昭和十一年[1936]

26 頁;27 cm

保 No.555,経調委 10,乙立分 320,S328.2,印 50

该资料是日本侵略者对中国东北沦陷区电力增产的五年计划。主要内容包括计划的概要、发电及送电计划。书中附有发电设备新增一览表、发电设备新增年次表、各地用电最高负荷一览表等图表。

F425/1

中国工業合作社ノ抗日戦段階ニ於ケル展望(秘)/上海事務所編.—謄写版.—[不詳]:[不詳],[不詳]

29 頁;27 cm

上情四〇第一六号

该资料主要包括中国合作社协会概况、工业合作社的组成和现状(含合作社组成的进行阶段、经营方式和业务范围、组成概况金额生产情况、工业合作社的联合供销等)、中国工业合作社的贷款资金(含工业合作社的资金、资金的来源、贷款的种类及金额等)、协会的人士及干部的训练等内容。

F426/4

北支資本制軽工業ノ発展様相ト事変ニ依ル影響/満鉄.北支事務局調査室編.—[不詳]:[不詳],昭和十三年[1938]

1,99頁;25 cm

该资料主要包括了对华北的纺织工业、毛织品工业、洋灰工业、板硝子工业、火柴工业、护膜工业、染料工业、榨油工业、造纸工业、制粉工业、皮革工业、骨粉工业、制糖工业、烟草工业、麦酒工业、精盐工业、打包工业等产业发展的调查内容。在总论篇中,有河北、山东两省各主要制造工厂的资本系统统计、中国北部的工业布局条件的概述等内容;在关于中国北部的工业布局条件篇中,分析了中国北部工业不景气的原因。其中,在工业方面,从工业的发展过程、七七事变前后的局势、事变带来的影响、中国北部工业布局的条件四方面进行了介绍,在华北工业布局的条件中,分析了市场方面和原料方面的条件。特别是在纺织工业中,介绍了七七事变带来的影响使青岛工业地带的工厂各设备和建筑物蒙受的损害。

F426/5

長芦、社営昭和十七年塩場状況/[不詳].—謄写版.—[不詳]:[不詳],[不詳]

10頁;26 cm

该书介绍了仁川、大连、台南、营口、青岛、天津等地1942年春季和秋季雨水的蒸发量、降水量、蒸发量和降水量的差距、降水日数、暴雨天数、风速、晴天天数、温度、平均气温等方面的内容。附有1941年度春季和秋季长芦盐的生产额表、1942年的面积表、生产额、长芦盐田土壤分析表等图表。

F426.1/6(5)

佛領印度支那の港湾/[不詳].—[不詳]:[不詳],[不詳]

44頁:地図;26 cm

该资料是对法属印度支那港湾的灯台、海港、各港新筑的工事、各个港口的综合贸易、港口的官员及下属的调查内容。

F426.1/6(5)

支那商品叢書.第五輯,錫/伊藤武雄編.—謄写版.—上海:南満洲鉄道株式会社上海事務所,昭和十四年[1939]

42頁:図表;22 cm

该书是关于中国锡矿生产和贸易的内容,共分四编。第一编是世界上锡矿的供求状况,详细地介绍了锡矿在世界上的生产数量和消费数量以及锡在美国的用途、锡在日本的供给量。第二编是国际上过去和现在有关锡的协定。第三编是中国锡矿的分布及生产状况。介绍了重要产地云南、广西、湖南、江西等省锡的分布区域、采矿、精炼的内容。第四编是关于中国锡矿贸易。主要介绍了锡的运输和销售机构、进出口贸易情况、市场价格等内容。其中,记录了通过山东省的青岛港和威海卫港的锡矿出口、进口的数量和价额等。

F426.1/7

支那ニ於ケル鉄鋼資源ト銑鋼需給概要/滿鉄.天津事務所調查課編.—謄写版.—[天津]:[滿鉄天津事務所調查課],昭和十二年[1937]

54 頁:図表;26 cm

天調資料,第三十八号

该资料主要是对中国铁矿资源和炼钢铁的供需状况的调查内容,包括中国的铁矿资源状况、中国的铁矿需求量、中国炼钢铁进口的各种费用和中国市场市价、中国国内练铁业的发展过程及前景。在中国的铁矿资源篇中,具体介绍了铁矿的埋藏量、开采量以及中国的铁矿石消费量。在中国的铁矿供需额篇中,有中国炼铁业的概要、中国国内的钢铁产额、中国内地炼钢铁的供需状况、炼钢铁的供需额、钢铁供需额等内容。在中国炼钢铁进口的各种费用和中国市场市价篇中,具体介绍了中国进口的各项费用以及中国炼钢铁的国内市价的状况。

F426.1/8

東邊道培養鉄道鑛産調查報告/滿鉄.産業部編.—謄写版.—[不詳]:[滿鉄.調查部],昭和十三年[1938]

5,36 頁:地図;27 cm

保 No.1765,産鉱参 8,丙資分 313

该资料是对间岛省(注:日本侵华时在东北建立的傀儡政权"伪满洲国"的省份之一,地域相当于今吉林省东部)内的部分铁路沿线的矿山情况的调查,主要内容有地质总论、合龙县、安图县、延吉县的矿山概况。

F426.1/10

中国鉱産調查/北支事務局調查部編.—謄写版.—[不詳]:北支事務局調查所,[不詳]

70 頁;26 cm

该资料是对河南省焦作碳矿的位置、交通、沿革、采掘契约、中福公司的成立状况等的调查内容。附录包括河南省采矿契约、修正契约、追加契约、福公司矿务交涉假契约、中福公司契约、修正契约、中福公司改组纲要等内容。

F426.1/11

煙台礬土頁岩試錐第一号作業成績表:自昭和十二年六月一日至六月十九日/滿鉄.産業部編.—[不詳]:[不詳],昭和十二年[1937]

12頁;26 cm

该书是由“满铁”产业部编写的烟台矾土页岩钻探第一号作业的成果表。主要分主要项目、各作业的日数表、经费三个部分。主要项目篇中,介绍了该矿的位置、目的、钻探员、掘进深度、作业人员、作业总日数、掘进日数、平均每天掘进米数比总日数、平均每天掘进米数比掘进日数、岩心采取率、钻探总金额、平均每米的钻探金额、作业机构等内容。在各作业的日数表篇中,有各作业的日数表,纯掘进时间、锥杆升降时间、机器的运转时间、每个小时掘进米数比作业时间、每个小时掘进米数比掘进时间等内容。在经费篇中,介绍了不同工种的人工费,并以图表的形式介绍了金属、补充机器、木材、油脂类、杂货等的购物费用等内容。

F426.1/12

煙台礬土頁岩試錐調查第一次中間報告/滿鉄.産業部編.—[不詳]:[不詳],昭和十二年[1937]

22頁:写真;26 cm

该书是由“满铁”产业部编写的关于烟台矾土钻探调查的第一次中间报告。主要由钻探理由,第一号钻探、第二号钻探、第三号钻探、第四号钻探、第五号钻探的作业情况、地质和经费方面和结论组成。作业情况包括使用的机械、掘进的深度、岩心采取率、作业的人员、掘进的日数、平均每天的掘进、钻探的总金额、平均每米的钻探金额等方面。地质部分附有矿心的岩质及其层面倾斜表。经费方面,记录了人事费和购物费用。其中购物费用中,包括购置金属、补充机器、木材、油脂类、杂货的费用。该书附有照片“在盘道岭东侧斜面上实施的第四号钻探情况”“利根NL式50米金刚石钻探机”和图表“钻探位置图”“柱状断面图”等图表。

F426.1/13

煙台礬土頁岩試錐第二号作業成績表:自昭和十二年六月二十日至六月三十日/滿鉄·産業部編.—謄写版.—[大連]:[滿鉄·産業部],昭和十二年[1937]

13頁;26 cm

保No.産鉱測,丁資分,印

该资料主要记录了该工程的主要项目、作业的日数、经费关系、对烟台试掘作业的成绩的调查内容。

F426.1/14(2)

支那商品叢書.第二輯,アンチモニー及びタングステン/[不詳].—[上海]:南満洲鉄道株式会社,上海事務所,昭和十四年[1939]

42 頁:図表;22 cm

上海満鉄調査資料,第十五編

该资料是对中国的锑和钨的用途、分布、埋藏量及产额、生产方法及原价、对外贸易、经营等的调查内容。

F426.1/15

煙台礬土頁岩試錐第三号作業成績表:自昭和十二年七月一日至七月七日/満鉄・産業部編.—謄写版.—[不詳]:[満鉄.産業部],昭和十二年[1937]

13 頁:図表;26 cm

保 No.1154,産鉱測 16,丁資分 318,S316.12,印 50

该资料是烟台矾土页岩钻探第三号作业成绩表,记录了主要项目的位置、目的、钻探深度、作业人员、掘进总天数等内容。在经费关系篇幅中,介绍了每个工作的费用、工资、警备费、住宿费、机器补充、钢材、木材、油脂类、杂物等的费用情况。附有工作天数等表格。

F426.2/2

支那の鉄鉱と制鉄業:支那事変後の開発状態/[不詳].—東京:東亜研究所,昭和十六年[1941]

25 頁:地図;26 cm

第八調査委員会資料八ノ二,極秘

该资料是对中国各地的铁矿开发状况的调查内容。

F426.2/3

井陘.正豊両炭鉱労働概要調査報告/満鉄.北支経済調査所編.—謄写版.—[不詳]:[満鉄.北支経済調査所],昭和十六年[1941]

82 頁;26 cm

保 No.155,北経ニ4,乙立分 23,印 150

该资料是对由依靠日资而增产的井陉、正丰两矿的编成和劳动力问题、确保增产所需要的劳动力的困难情况及其原因、实际工资的低下和劳动者生活的恶化情况、相应对策的基本方向等的调查内容。

F426.21/2

中国ニ於ケル既往ノ石炭研究ニ就テ/満鉄.北支経済調査所編.—謄写版.—[不詳]:満鉄.北支経済調査所,昭和十五年[1940]

16 頁:図表;26 cm

该资料是中国煤炭生产的研究报告,把对中国煤炭的研究分为三部分来论述。第一部分是从工业分析的角度,研究了中国煤炭的分类、煤炭中硫黄的成分以及运用煤炭发热量计算式的新方法。其中,从水分、挥发成分、固定碳、发热量等方面详细地分析了山东省内中兴、淄川、博山、坊子的煤炭生产情况。第二部分是对中国煤炭黏结性的研究。其中,对山东省内的淄川煤炭、博山煤炭的黏结度试验进行了说明。第三部分是研究中国煤炭低温干馏实验的内容。

F426.21/3

蛟河試錘第一六号作業成績表:自昭和十一年五月十四日同年十月九日/満鉄.産業部編.—謄写版.—[不詳]:満鉄.産業部,昭和十二年[1937]

22,21,5 頁;26 cm:附蛟河炭田試錘柱状図

该资料记录了蛟河碳田试掘作业的成绩。

F426.3/1

安東省寛甸縣窪子溝硫化鉄鉱踏査報告/満鉄.調査部編.—謄写版.—[不詳]:[満鉄.調査部],昭和十七年[1942]

6 頁:地図;25 cm

保 No.624,調鉱調 19,丁資分 322—37

该资料是对安东省(注:“中华民国”的一个省级行政区,今为辽宁省丹东市,位于辽宁省东部)宽甸县洼子沟硫化铁矿的位置、交通、地质矿床等的调查内容。

F426.3/2

奉天ニ於ケル窯業統制の顛末/調査部資料課編.—謄写版.—[不詳]:調査部,昭和十四年[1939]

27 頁:図表;27 cm

調資資三乙三九第一号ノ八九

该资料主要是对奉天(注:今辽宁省沈阳市)的窑业界的现状,奉天炼瓦统株式会社设立,设立的具体提案和内容、收支预算等的调查内容。

F426.4/1

中支ニ於ケル機械工業ノ状況/満鉄.上海事務所調査室編.—謄写版.—上海:[満鉄.

上海事務所調查部],昭和十五年[1940]

6 頁;28 cm

保 No. 271,上調七—20,丁資分 332—1,印 130

该资料是对华中地区机械工业中心地、工厂的分类、设备、技术等状况的调查内容。

F426.6/1

北支那に於ける既存電気事業總括調查報告/北支経済調查所編.—[不詳]:南満洲鉄道株式会社調查部,昭和十五年[1940]

871 頁,表;22 cm

该书是对华北电力事业调查报告。主要调查了七七事变前的华北电力的状况,如七七事变前中国电力事业的开端、普及电力需求的障碍、电力需求分布及国内外资本的状况、发电及供电情况、电路和发电站情况、七七事变爆发后的中国北部电力设施的被破坏的情况、电力维修以及运营情况、华北的电力资源和设备状况、华北现有电力事业状况、日本及中国资本的自家用电状况等内容。书中提到了胶济沿线地区的青岛胶澳电气股份有限公司的电力供给事业等内容。

F426.8/2

満洲在来羊毛ノ毛織工業的価値/満鉄調查部.—謄写版.—[不詳]:満鉄調查部,昭和十四年[1939]

45 頁:図表;26 cm

该书调查了中国东北等地区羊毛的种类、原有羊毛的性状、原有羊毛的分离加工、羊毛需给的对策等方面。

F426.8/3

葉煙草/伊藤武雄編.—上海:上海事務所,昭和十四年[1939]

4,2,118,5 頁:図表;22 cm

支那商品叢書,14

该书介绍了中国烟草的对外贸易情况、烟草的种类及其生产情况、主要烟草市场及其出口状态、烟草的交易情况、英美托拉斯的独占势力情况及其七七事变以来日商在华的扩张情况等内容。其中,在中国烟草的对外贸易篇中,介绍了烟草进出口贸易。在烟草的交易情况种类及其生产篇中,介绍了烟草的种类、产地和生产额、栽培、干燥情况。在主要烟草市场及其出口状态篇章中,介绍了美国烟草和本地烟草的种植和生产情况。在烟草的交易情况篇中,介绍了在产地的采购方式，产地交易的情况，上海等主要市场的交易、价格、税款、运输费、上海经营烟草的组织等情况。书中还提到了山东省烟草的情况，介绍了山东省烟草栽培的发展状况、每段耕地的增产情况和日商、产地、产额及其出口等情况。附有青岛日本工商会议所编山东省的美国烟草的发展状态表。

F426.81/6-5

北支棉花総覧/南満洲鉄道株式会社調査部編.—5版.—東京：日本評論社，昭和十五年[1940]

412頁：図表；23 cm：付録が付け加わる

该书中首先描述了中国北部地域范围的规定。其次介绍了中国北部棉花的地位、中国北部各港口棉花的贸易状况、中国北部棉花的分布情况、中国棉花的沿革、中国北部棉花产业设施和沿革、日本对中国北部棉花的改良情况、从棉花作物上看中国北部的各种自然条件情况、中国北部棉花的培养和栽培情况、棉花的收支和生产费用情况、中国北部棉花的交易情况、中国纺织业的沿革和中国北部纺织的现状等方面。附有天津及青岛的棉花价格的变迁表、中国棉花用语及注解等资料。

F426.81/7

華北繊維品統制要綱/張家口経済調査所編.—謄写版.—[張家口]：[張家口経済調査所]，昭和十六年[1941]

13頁；26 cm

该资料记录了中国北部纤维统制的目的、指导机关、业务范围、地方纤维品统制委员会的构成及业务等的要领和实行的机关等内容。

F426.81/8

北支綿花オ繞ル諸問題ト其ノ経緯/満鉄・北支経済調査所編.—謄写版.—[不詳]：満鉄・北支経済調査所，昭和十五年[1940]

142頁；26 cm

手工業協同組合

该书是由“满铁”华北经济调查所编写，介绍了中国北部种植棉花所产生的诸多问题及其原因。主要包括设立“华北棉花协会”的前后经过、“华北棉花协会”的成立过程、“华北棉花协会”的设立概况及华北棉花的生产、分配和消费情况等内容。

F426.81/9

天津ノ毛織工業/満鉄.北支経済調査所第五係編.—謄写版.—[不詳]：[満鉄.北支経

済調査所第五係],昭和十四年[1939]

140 頁;26 cm

该资料主要介绍了中国毛织工业的发展过程、天津毛织工业的现状、中国北部毛织品的供需关系以及毛织工业的未来等方面。

F426.81/10

天津市場ヲ中心トスル羊毛ニ関スル資料/満鉄.天津事務所調査課編.—謄写版.—[天津]:[満鉄.天津事務所調査課],昭和十二年[1937]

64 頁;26 cm

天調資料,第五〇号

该资料是对中国羊毛在天津港的出口量、天津羊毛出口商的出口内容、羊毛出口的预算的调查内容,并有对中国羊毛状况的考察记录。

F426.81/11

満洲紡績業の生産過程の合理化に関する研究/南満洲鉄道株式会社調査局編.—謄写版.—[不詳]:[不詳],[不詳]

59 頁;22 cm

该资料主要包括对日本侵华时东北沦陷区纺织劳动者的问题的研究,纺织劳动者的性格的研究、纺织业的劳动关系的合理化的方向的研究、纺织原棉问题的研究、原棉关系的特征及原棉关系合理化的方向等内容。

F426.81/13

北支紡績業基礎資料/満鉄.北支事務局調査室編.—謄写版.—[不詳]:[満鉄.北支事務局調査室],昭和十三年[1938]

89 頁:図表;27 cm

保 No.77,北調工 6,丁資分 250,印 150

该书是关于中国北部纺织业的基础资料。主要有中国纺织业的概况、中国北部纺织业的概况和发展过程以及七七事变前纺织业的概况,日本纺织业的概况和发展过程,在世界棉业界中日本纺织业的地位,日本纺织公司的现状和产量,最近日本棉业统治的概要,原棉统制情况,华北的缩短纺织作业情况、对生产整备的统制情况,华北的棉系供求、核算、贸易情况及原棉状况等内容。

F426.81/14

北支那硫化染料工業/南満洲鉄道株式会社天津事務所調査課編.—[天津]:[南満洲

鉄道株式会社天津事務所調査課],昭和十一年[1936]

67 頁;22 cm

北支経済資料,第二十二輯

该书介绍了有关中国北部的硫化染料工业的内容。主要有中国北部的硫化染料进口情况,中国北部硫化染料工业的状况,日本硫化染料工业的现状,中国北部硫化染料工业进口产品的竞争关系,对中国北部新企业的考察等内容。具体介绍了全中国尤其是中国北部的硫化染料进口状况和硫化染料的生产情况。附有青岛等地的染料工场调查表。

F426.82/2

青島監と関東州監の今後/佐田弘治郎編.—大連:南滿洲鉄道株式会社,大正十五年[1926]

9,48 頁:写真;22 cm

滿鉄調査資料,57

该资料是由南满洲铁道股份公司总务部调查科编写,介绍了青岛以及关东州(注:指日本占领的旅大租借地)盐的发展状况。主要包括绪言、沿革、盐政、盐田和盐田的构造、盐田的修建费、盐田的经营、生产和生产费用、品种和品质、采盐之后的处理、运出和输送、卸盐和青岛码头的存盐设备、海盐的品质鉴定、盐业的经营及其经营者、盐的买卖交易、盐的销路及其出口、出口盐的装运情况、海盐的生产力及其供给力、青岛盐的重新出口及其关东州的盐的状况等内容。该书附有地图“胶州湾盐田一览图”,照片“胶州湾阴岛附近的盐田场景”“从存水沟里用水车向蒸发池中抽水的地方”“从结晶池里采盐地点”“盐田堆盐场存盐实景”“青岛第四码头装船实景”等。

F426.82/3

北支二於ケル動物性油脂需給関係並加工消費状況/滿鉄.北支経済調査所編.—謄写版.—[不詳]:滿鉄.北支経済調査所,昭和十五年[1940]

103 頁:図表;26 cm

保 No.9,北経四 18,乙立分 2533,印 180

该资料介绍了中国北部动物性油脂需给关系和加工消费状况,具体有动物性油脂的种类和用途,中国北部动物性油脂的生产状况、流通情况以及加工消费状况等内容,其中还介绍了山东省和青岛市的动物油脂生产和流通等内容。

F426.82/4

北滿二於ケル油坊工業ノ現状/哈爾濱鉄路局北滿経済調査所編.—謄写版.—[哈爾

濱]:[哈爾濱鉄路局　北滿経済調査所],昭和十一年[1936]

72 頁;27 cm

北経経済資料,第三四号

该资料是对中国东北等地区的油坊工业做的调查。主要包括大豆生产的现状、油坊工业的现状、哈尔滨油坊工业和大连油坊工业状况等调查的内容。

F426.82/5

山西機械制粉業ト磨坊トノ相関性/満鉄.北支経済調査所編.—謄写版.—[不詳]:[満鉄.北支経済調査所],[不詳]

60 頁;24 cm

该资料对山西近代制粉工业停滞的原因、陕西省所属城市磨坊经营、机械制粉工业和磨坊的经营的各种条件的对比的调查。

F426.82/6

支那ニ於ケル火腿(ハム)事情/[満鉄.上海事務所調査室]編.—[上海]:[満鉄.上海事務所調査室],[不詳]

73 頁;26 cm

保 No.297,上調五—41,丁資分 350—8,印

该资料主要对中国火腿原料的供给、交易、制造、产量、种类、品质、市价、包装、运送、税金、火腿业的金融和组织等的调查。

F426.82/7

北支塩業開発ノ實態ト其ノ合理的利用ニ関スル調査計画案/満鉄.北支経済調査所編.—謄写版.—[不詳]:[満鉄.北支経済調査所],昭和十四年[1939]

3 頁;28 cm

该资料是对中国北部各地盐田的历史和现在的食盐及副产盐的生产和利用状态等的调查方案。调查范围包括青岛盐田和山东盐田、海洲盐田、运城盐田等地。

F426.82-66/1

青島塩務局"民國"29 年全年各項統計表/[不詳].—[不詳]:[不詳],[不詳]

1 冊:図表;28 cm

该书汇集了青岛盐务局 1940 年全年各项统计表,其中包括小港工场精制盐进出数量月统计表、免税军用盐统计表、盐制检定分月统计表、税款收支分月统计

表、盐田税已缴和未缴数目统计表、经费开支分月统计表、收发文件分月统计表的等各类统计表。

F426.83/2

杭州本山紙行業慣行概況/滿鉄.上海事務所調查室編.—謄写版.—[上海]:滿鉄.上海事務所調查室,昭和十七年[1942]

110頁;25 cm

该资料是对杭州本山纸的种类、产地、制法、用途、销路、搬运、流通机构及交易概况、交易市场、同业者团体等方面的调查。

F427/3

北支製粉工業立地調查:青島/滿鉄北支経済調查所編.—[不詳]:滿鉄北支経済調查所,昭和十六年[1941]

4,84頁;26 cm

该资料是"满铁"华北经济调查所编,是关于青岛制粉工业布局的调查报告。具体有青岛制粉工业的历史性发展状况,青岛制粉业的资本关系、资本的源泉及系统,青岛的制粉公司的财政状况、生产条件、原料关系、当地消费量、输送路径及租运的各种费用状况,各产地产品的品质及制粉手续费,产地小麦出产量、小麦的价格、交易价格、交易机构的情况,材料关系、工厂的设备、工厂的位置、工厂的用地、建筑、机械、动力、燃料、用水的情况,劳动力、各个作业场地的劳动者人数、劳动者的源泉及效率、薪金情况,制品贩卖关系、生产关系情况,麦粉生产量、生产费、质量状况,气象条件、气温、降水量、湿度、蒸发量、日照时数、风速情况等方面的调查。

F427.25/1

北支那工場実態調查報告書:山西之部/北支経済調查所編.—[不詳]:南滿洲鉄道株式会社調查部,[不詳]

8,820頁;22 cm

極秘

该资料主要是对山西省的工业发展状况,由工业立地看山西纺织工业的特殊性,山西省的织布情况,山西机械制粉工业和磨坊的关系,山西火柴工业的立地条件,对山西水泥工业的立地考察,山西土法制铁的情况,山西的机械、电气、纺织、制纸、火药等特殊工厂的状况,山西的金属、纺织、制粉等一般的工厂的状况等方面的调查。

F427.51/3

上海共同租界内国籍別業種別地区別工場一覧表/上海事務所調査室編.—謄写版.—[上海]:[上海事務所調査室],昭和十六年[1941]

209頁;26 cm

该资料主要包括上海纺织业、染织业、杂纺业、毛纺业、绢织业、制丝业、铁工及机械业、翻砂业、金属业、电气机具、制粉业、蛋加工业、烟草、火柴、橡胶、皮革、化学工业、印刷业、公益事业、石油业、杂业等内容,以及工厂的厂名、地址、产品等一览表。

F427.51/4

上海ニ於ケル「アルゴール」状態ニ関スル概況/興亜院華中連絡部編.—謄写版.—[不詳]:[不詳],昭和十五年[1940]

1冊;27 cm

该资料主要对上海酒精制造工业的鸟瞰、华中酒精的供需和原料情况、华中地区酒精的消费情况及酒精产品的各种税、酒精原料的市价、市场市价维持、买卖场所的设立等方面的调查。

F427.52/1(2)

黄河を中心とした交通経済其ニ(山東省)/東亜研究所編.—謄写版.—[不詳]:東亜研究所,昭和十五年[1940]

28頁;25 cm

資料丙第四十一号D

该书是由东亚研究所编写的,介绍了以黄河流域地区为中心的交通经济中的山东省的交通经济的内容,主要有贯让的治河政策的参考资料和山东黄河的安定性和运河计划。

F427.52/5

民国二十九年度監務報告/青島監務局編.—謄写版.—[青島]:[青島監務局],民国30年[1941]

19頁;28 cm

塩業資料

该资料是由青岛盐务局编写的1940年度盐务报告。主要包括概论和青岛盐务局硝磺处报告。概论中具体包括16个方面,分别是盐的产额、盐的地方耗费量、盐的进出口、盐的储存量、盐税收入和开支、本地盐务局管辖和名庄变更、盐税率、盐田开发计划、盐田复兴救济和偿还处理、盐税获取及银行变更、计量器改定、生产费及盐价、馆内驿站的开设、盐的质检等内容。青岛盐务局硝磺处报告分为十部分，分别是硝磺行政处理概况、工商业者年度硝磺产品使用量报告、工商业者对硝磺商品运输护照的申请和审查、对硝磺产品进口护照的审查、当局经营销售所得进出口硝磺产品的数量、收入和支出统计、鲁东棉业改进会临时的硝磺进口量、硝磺产品种类运输护照的办理事项、取缔私盐运输等内容。

F427.52/6(1939)

济南ニ於ケル工業現況：昭和十四年四月/實業局資料課編.—謄写版.—济南：實業局，昭和十四年[1939]

25頁：図表；26 cm

该资料通过图表对1939年4月济南的纤维工业、金属机械工业、窑业、化学工业、饮食工业、杂工业、电器业等行业的厂名、所在地、组织、生产设备、生产能力、设立时间等的调查统计。

F427.52/7

青島紡績情況/北支事務局編.—[不詳]：[不詳]，[不詳]

355頁：地図；26 cm

该资料是由华北事务局编写的关于青岛的纺织情况的调查资料。主要调查了青岛纺织业的发展过程及现状、生产条件、产品及其贩卖等方面。在发展过程及现状篇中，介绍了青岛纺织业的发展过程、现状等。在生产条件篇中，介绍了青岛纺织业原棉、劳动、工厂设备、消耗品等方面的状况。在原棉篇中，分别介绍了国产棉花和外国棉花的生产状况。在纺织业的劳动篇中，介绍了青岛纺织业的职工数量、效率、工资、劳动力来源、迁移率、福利设施、劳动时间等方面。在纺织业的工厂设备篇中，介绍了青岛纺织业的位置、用地、建筑、机械等状况。在纺织业的消耗品篇中，介绍了纺织业的消耗品概况、各工厂消耗品情况、所需金额等内容。在纺织产品及其贩卖篇中，介绍了生产和贩卖情况。生产中包括生产能力和连年生产额。贩卖中介绍了交易机构、销路、供需、进出口额等情况。该书附有青岛棉丝仓库交易现货市价表和青岛棉布仓库交易现货市价表、青岛纺织厂分布图、各工厂混打棉机排列表等图表。

F427.52/8

山東炭ノ採炭原価ト運賃諸掛/満鉄.天津事務所調査課編.—謄写版.—[天津]：[満鉄.天津事務所調査課]，昭和十一年[1936]

149 頁;27 cm

天調資料,第四一号

该书收录了1936至1937年期间有关山东煤矿各公司的契约,其中有旭华矿业公司、博东矿业公司、鲁大矿业公司、南定矿业所、善芳公司矿业所等矿业公司的矿区、沿革、现况、煤炭产量和开采成本、运费等方面的内容,其中还有博山公司青岛码头胶济线杂费、鲁大公司线运费、青岛码头杂费、南定矿业所和善芳矿业所的胶济铁路的运费情况等方面的内容。

F427.52/9

北支那工場実態調查報告書:済南之部/滿鉄.北支経済調查所編.—[不詳]:南滿洲鉄道株式会社調查部,昭和十四年[1939]

492 頁;22 cm

極秘

该资料为华北工场实态调查报告书的济南部分。书中介绍了中国北部的纺织工业、金属机械工业、窑业、化学工业、饮料食品工业、杂工业和电气事业的生产状况。具体介绍了济南的纺织业、织布工业、染色加工业、绒线业、花边业、水泥工业、炼瓦业、玻璃工业、火柴工业、制纸工业、染料工业、油脂工业、骨粉工业、制胶业、皮革业、制粉业、甜菜糖业、酿造业、烟草制造业、制水业、冷藏业、印刷业、头绳业、电业供应情况和自家发电等行业的生产状况。

F427.52/10

北支那工場実態調查報告書:濰縣之部/北支経済調查所編.—[不詳]:南滿洲鉄道株式会社調查部,昭和十四年[1939]

119 頁;22 cm

極秘

该书是华北工场实况调查报告书的潍县部分。包括了潍县的染织工业,如小商品生产工厂和手工业发展、工厂手工业和工厂工业的发展、机械木匠业的支配状况、染料工业沿革现状、金属机械工业的沿革和现态、磨坊业、烟叶业干燥、磷寸工业、皮革工业、烧酒业沿革现态、油房业沿革现状、电气事业沿革现状等方面的内容。

F427.52/11

北支那工場実態調查報告書:芝罘之部/[滿鉄北支経済調查所]編.—[不詳]:[滿鉄北支経済調查所],昭和十五年[1940]

5,150 頁;22 cm

该书是中国北部工场实态调查报告的芝罘部分。主要对芝罘的城市经济的全貌,工业状况进行了调查。具体有机械企业、丝绸工业、织布工业、化学工业、食料品工业、电气事业等工厂的实际生产和销售情况。其中,提到了烟台电气股份有限公司的基本情况。

F427.61/1

鄭州ヲ中心トシタル工業/青島守備軍民政部編.—謄写版.—[青島]:[青島守備軍民政部],大正九年[1920]

96 頁;22 cm

该书介绍了以郑州为中心的工业情况。包括郑州城市的概况、郑州商业的概况,作为工业地的郑州的劳动力、原料资本、运费和运输情况,郑州与汉口和天津的比较,郑州现今纺织事业、纺织工业,绢纺及丝绸织业、面粉事业、油料事业,肥皂工业、蜡烛事业、制革业等工业的概况等方面的内容。书中涉及青岛的纺织工业等内容。

F427.81/1

北支紡績.製粉工業調査報告/支那駐屯軍司令部乙囑託班編.—[不詳]:[不詳],昭和十二年[1937]

256 頁:図表;22 cm

北支・産業調査書類,第四編第二巻

该书是由乙嘱托班编写的关于中国北部纺织、制粉工业的调查报告。在中国北部纺织工业调查报告中,介绍了天津纺织事业的对策、日本侵华时日本在中国建立的纺织业、天津的纺织工业状况;在关于日本侵华时日本在中国设立的纺织业篇中,介绍了青岛和汉口的纺织业的情况。在中国北部制粉工业调查报告中,介绍了对天津制粉工业的对策及其“关于天津制粉工业对策案”的参考资料,其中包括济南制粉工厂调查表、青岛制粉工厂调查表、青岛三个制粉厂近期的生产状况表、青岛及其附近的小麦供求表、青岛小麦粉输入表、采购地统计、青岛制粉费用调查。该书附有“中华民国”贸易一览表、江苏省 22 个工厂一览表、河北省 10 个工厂一览表、其他各省 25 个工厂一览表、日商在上海的 30 个工厂一览表。

F428.68/1

満洲塩業株式経済社設立方案/[南満洲鉄道株式会社経済調査会]編.—大連:南満洲鉄道株式会社,昭和十一年[1936]

7,794 頁;22 cm

立案調查書類,第一二編,第一巻

该设立计划方案主要汇集了“伪满洲国”盐业公司的设立的纲领、计划、各种设立准备的会议录、电文等内容。

F428.68/2

青島紡績労働調查/水谷国一著.—大連:南満洲鉄道株式会社,昭和十五年[1940]

148 頁:図表;22 cm,附録が付け加わる

極秘

该资料主要调查了青岛的纺织业概况。包括有主要劳动者数量,工厂的组织情况,劳动编成和轮换制情况,劳动的时间和休息日,工资、福利设施、生活费情况,劳动效率情况,生产成本中的劳动费用情况,劳动者的素质、劳务流动以及上班状态情况,劳动者的征募和培养情况,劳动者的思想、结社以及劳动争议等内容。在工资篇中介绍了不同工种的工资状态、工资的支付方法、基础工资等方面的内容。在福利设施篇中,介绍了住宅设施、浴室设施、娱乐设施、保健体育设施等方面的内容。在劳动效率篇中,介绍了对职工单人单位时间内生产量的探讨、对单位生产设备所需人员的探讨、工作环境以及效率和工资的关系等内容。在劳动者的素质篇中,介绍了教育的程度、年龄段、有无配偶、家庭劳动关系、前职业调查、籍贯等方面的内容。该书附有在青岛的日本各个纺织公司的操作状况图表、1939 年之后青岛的纺织劳动者数量统计表,青岛各个纺织公司的工场组织一览表,在青岛从事纺织工作的日本人的编成调查表、青岛纺织作业中不同工种的劳动者数量一览表,实习工的初薪、熟练工、特殊工人以及全部工人的平均工资表,青岛各个纺织公司不同工种的最高工资和最低工资的调查表,青岛各个纺织公司所有工种的平均工资调查表,青岛纺织精纺工的劳动效率调查表,青岛纺织劳动者的年龄段调查表,不同工种劳动者的配偶关系调查表,青岛纺织劳动者的前职业调查表,青岛纺织劳动者的家庭劳动关系调查表,青岛纺织劳动者的籍贯调查表,青岛纺织工场的人员录用,离职以及流动率表,青岛纺织业新老从业人员的区别表,新从业人员中有无经验的工别表,纺织工场里各个工种的中文名字一览表。

F428.68/3

満洲塩業株式会社設立方案.別冊/[不詳].—[不詳]:[不詳],[不詳]

1 冊:地図,図表;22 cm

该资料为图表。主要包括复州及五岛附近平面图、营盖附近平面图、望海甸盐田附近(第一案)般平面图、拉脖子盐田计划一般平面图、机关库及修缮工场之图等多幅图表。

F43/3

日満支に於ける工業製品需給状況調査．第二巻/古山勝夫著．—大連：南滿洲鉄道株式会社，昭和十二年[1937]

38,536 頁：表；22 cm

産業調査資料，第二四編

该资料对中国、日本的工业制品供需状况的调查第二卷。通过图表的方式对中国及日本的麻纺织制品、柞蚕丝、绢及柞纺丝、羊毛制品、纸、纸浆、水泥、火柴等的供需状况的调查，并附有对五年后钢铁需求额的考察、日本烟的供需状况和各供求地的概况。

F431.3/27

青島邦人主要工業ノ被害及復興状況/満鉄・北支事務局調查室編．—[不詳]：[不詳]，昭和十三年[1938]

1,40 頁；25 cm

该书是由"满铁"华北事务局调查室编写，主要对驻青岛的日本人经营的主要工业的情况，包括纺织工业、制粉工业、护膜工业、火柴工业、制油工业、烟草工业、麦酒工业、染料工业、制冰工业、冷冻工业、味精工业、酱油酿造业、罐头工业、机械工业、砖业、日中制丝股份公司、氧气工业、盐业、电气业等的设置和生产状况的调查内容。

F431.33/2

昭和製鋼所第四期増産計画書/満鉄．経済調查委員会編．—謄写版．—[不詳]：[満鉄．経済調查委員会]，昭和十二年[1937]

1 冊；27 cm

保 No.1472，満産五鉄 23，甲立分 314，印 60

该期计划书主要有增产计划的宗旨、概要、事业设备费预算、营业收支预算等方面的内容。

F431.34/1

工政会要覧：昭和十六年度用．要綱・会員/工政会編．—東京：工政会，昭和十五年[1940]

109 頁；23 cm

该资料主要包括工政会的要纲、宣言、纲领、定款、细则、工政会的活动及关西、东海、西部、朝鲜、山东支部的规程等内容。

F431.368/6

纖維業ニ於ケル企業合同ノ動向/東京支社調查室編.—謄写版.—東京:東京支社調查室,昭和十六年[1941]

32頁;27 cm

该资料包括纺织业企业的联合、人造丝绸和人造纤维企业的联合、羊毛工业企业的联合、机织工业企业的联合等方面的情况及各纺织业的现状以及合并方针和实际情况等内容。

F436.3/1

日満鉄鋼五箇年計画大鋼試案/満鉄.経済調查委員会編.—謄写版.—[不詳]:満鉄.経済調查委員会,昭和十二年[1937]

24頁;27 cm

保No.1472,満産五鉄22,乙立分314,印80

该资料从计划的根本方针、钢铁需求的目标、生产的目标、供需的计划、五年计划的实施要领等方面记述了东北沦陷区和日本的钢铁业的五年的计划。

F451.26/1

露領極東の鉱業利権/南滿洲鉄道株式会社庶務部調查課編.—大阪:大阪每日新聞社,東京:東京日日新聞社,昭和三年[1928]

2,5,259,6頁:地図;22 cm

露亜経済調查叢書

该书介绍了前苏联远东地区的矿业法,各种税金,含金矿的区域以及山金矿床、煤炭、锡、银、铅、铁等各种矿床所规定的权利,并附有远东矿山区全图、各权利区域分布等图表。

F451.261/1(1)

露領極東の鉱產.上巻/南滿洲鉄道株式会社庶務部調查課編.—大阪:大阪每日新聞社,東京:東京日日新聞社,昭和二年[1927]

60頁:図表;23 cm

露亞経済調查叢書

该资料通过图表的方式对前苏联远东地区沿黑龙江地方及堪察加州的矿产情况进行了介绍。

F451.261/1(2)

露領極東の鉱產.下巻/南滿洲鉄道株式会社庶務部調查課編.—大阪:大阪每日新聞

社，東京：東京日日新聞社，昭和二年[1927]

55 頁：図表；23 cm

露亞経済調査叢書

该书介绍了后贝加尔的矿产概况，并附有后贝加尔矿床一览表、后贝加尔矿床分布图等图表。

F451.261/3

ソウェート聯邦の資源と産業．鉄・満俺編/南満洲鉄道株式会社庶務部調査課編．—大阪：大阪每日新聞社，東京：東京日日新聞社，昭和三年[1928]

166 頁：図表；23 cm

露亞経済調査叢書

该资料对前苏联铁矿的地下埋藏量及其矿质状况，前苏联领土内铁矿业发展的历史、现状及前景，前苏联的满俺矿的采掘量、出口额及其工业状态进行了研究。

F451.262/1

ソウェート聯邦の資源と産業．石油編/南満洲鉄道株式会社庶務部調査課編．—大阪：大阪每日新聞社，東京：東京日日新聞社，昭和三年[1928]

134 頁：図表；23 cm

露亞経済調査叢書

该书主要介绍了前苏联的石油状况，主要包括前苏联石油发展的路径、对石油业的投资，前苏联的油田的区域范围，高加索前等山脉的油田区域范围，世界石油业的情况等内容。附有 1913～1923 年主要石油国的出油量、1910～1923 年前苏联各油田区域的出油量等图表。

F451.262/2

ソウェート聯邦の資源と産業．石炭業編/南満洲鉄道株式会社庶務部調査課編．—大阪：大阪每日新聞社，東京：東京日日新聞社，昭和二年[1927]

159 頁：図表；23 cm

露亞経済調査叢書

该书主要介绍了前苏联的煤炭资源情况。包括前苏联煤炭的埋藏量和重要油田情况，革命前煤炭业的发展和状况，煤炭业的公司资本及外国资本的地位，前苏联的煤炭业的现状和世界石油市场的商况，煤炭业的房展前景等内容。附有世界采煤量、主要国家的采煤量等图表。

F451.265/1

ソ聯邦の民間航空/倉持博著.—[不詳]:南滿洲鉄道株式会社調査部,昭和十八年[1943]

159 頁:写真,表,地図;21 cm

ソ聯邦政治経済叢書,第一部第七篇

该资料对前苏联民航的发展的历史、民航的管理组织机构、前苏联的航空路线及飞机场情况、前苏联的民航事业状况、前苏联民航客货运的规定、前苏联的航空工业做了介绍。

F451.265/2(1)

ソ聯邦の国内商業.上/菊地清著.—[不詳]:南滿洲株式会社,昭和十七年[1942]

261 頁;21 cm

秘

该书主要介绍了对前苏联的经济地理,经济历史,计划经济机构,电气、煤炭、石油、机械、化学、轻工业建筑材料等工业状况,农业政策和农业机构,畜产业的状况,交通运输、商业、财政状况,劳动人口情况,政治法律外交等方面的内容。

F471.26/1

米国ニ於ケル鉄鋼業/滿鉄・產業部編.—[不詳]:滿鉄・產業部,昭和十二年[1937]

126 頁:図表;26 cm

该资料是对美国钢铁业在世界上的地位,美国钢铁业发展的地理环境及生产状况,市场状况,企业组织状况,主要钢铁公司的情况等方面的调查内容。

F476.1/1

奉天ニ於ケル窯業問題其ノ後ノ状況(秘)/調査部資料課編.—謄写版.—[不詳]:調查部,昭和十四年[1939]

27 頁:図表,27 cm

该书是对奉天市(注:今辽宁省沈阳市)造砖工业界的问题和状况的调查资料。内容分为两部分。第一部分介绍的是奉天造砖的供求关系,主要包括奉天市造砖业的概况、生产、价格、局用砖需求量五个方面。第二部分介绍的是奉天市造砖同业组织设立的有关规则,内容包括要领、奉天市造砖同业组织章程、业务规定三个点。

F51/3

亞細亞露西亜の交通/南滿洲鉄道株式会社庶務部調查課編.—大阪:大阪每日新聞

社,東京:東京日日新聞社,昭和二年[1927]

217 頁:写真,地図;23 cm

露亞経済調査叢書

该书从水路、道路、铁路、北冰洋的航路等方面介绍了亚洲及前苏联的交通状况,并附有大量的照片。

F512.727/1

綏遠省の交通/野中時雄編.—謄写版.—[天津]:満鉄.天津事務所,昭和十一年[1936]

157 頁:地図;22 cm

北支経済資料,第二十四輯

该书是对绥远省(注:为"中华民国"时的省份之一,包括今河北省大部及北京市三环以外全部地区)的交通的调查内容。主要包括绥远省的概况,绥远省的既设铁道和预定铁道状况,绥远省的道路的概况及汽车能运行的范围及其运行状况,长途汽车的运行状况,河流、空中的线路、邮政、有线和无线电信、电话的情况等方面的内容。书中附有上述调查的大量的图表。

F532/2

支那ノ豫定鉄道(孫文實業計画　蒋介石五箇年計画)ノ概要/満鉄.北支那事務局調査部編.—謄写版.—[不詳]:満鉄.北支那事務局調査部,昭和十四年[1939]

43 頁:図表;25 cm

保 No.178,北調鉄,丁資分 312.1

该资料分为"孙文十万里铁路建设计划"和"蒋介石铁路建设五年计划"。孙文的铁路计划部分包括西北铁路系统、西南铁路系统、中央铁路系统、东南铁路系统、西北铁路系统、东北铁路系统、高原铁路系统等的建设计划及车辆制造工厂的成立等内容。蒋介石铁路建设计划部分包括西北铁道网、西南铁道网、东南铁道网、中部东西线网和其他铁路的设施等内容。

F532/3

南支那ニ於ケル鉄道の概況/満鉄.産業部.—謄写版.—[不詳]:満鉄.産業部,昭和十一年[1936]

63 頁:図表,地図;26 cm

该书是对华南地区铁路的调查,其中包括苏嘉联络铁路、京衢铁路、浙赣铁路、粤汉铁路、淮南铁路等已经建成的铁路和京衢铁路延长线、赣湘线、川湘线、成渝线等计划建设的铁路的建设和运营情况的调查。

F532/5

支那予定鉄道/満鉄・北支事務局調査室編.—[不詳]:[不詳],昭和十三年[1938]

114 頁;27 cm

该资料由"满铁"华北事务局调查室编写,是对中国北部的预定铁路情况的调查。主要包括中央铁路系统、东南铁路系统、西北铁路系统、西南铁路系统、高原铁路系统路程等状况的介绍,机关车、客车、货车等制造厂的设立的介绍。

F532.822/1

平綏鉄路南ロバス区間ノ輸送能力其ノ他ニ関スル鉄道總局輸送局運転課ノ查定(回答)/満鉄龍煙鉄鋼対策小委員会編.—謄写版.—[不詳]:[満鉄龍煙鉄鋼対策小委員会],昭和十二年[1937]

8 頁;26 cm

保 No.—342,龍鉄鋼小—1,乙資分—391.1,S—394.1,S—394.1,印—40

该资料主要包括平绥所属的大型、中型等铁路的牵引力的情况、一天列车的次数和一个列车的编成情况、一年内可能运送的吨数、增加其他输送能力的对策等内容。

F532.9/2(1)

東支鉄道運賃政策史.上巻/倉持著.—大連:南満洲鉄道株式会社,昭和十八年[1943]

167 頁;21 cm

満鉄調査研究資料,第六十七編

该资料是对中国东部铁路的准营业的状况、赁率、东清铁路准营业期间的旅客和物品、货物的运送规则、营业的开始至日俄战争期间的赁率、联络运输的情况、旅客和物品及货物的运送规则状况、东清铁道北京会所的状况、日俄战争后至前苏联革命的铁道的联络运输等状况的调查内容。

F535.12/1

極東蘇聯鉄道ノ現勢/満鉄.北満経済調査所編.—謄写版.—[不詳]:[満鉄.北満経済調査所],昭和十三年[1938]

72 頁:地図;26 cm

北経蘇聯資料,第一一八号

该书是对前苏联铁路的管理组织、建设状况、货物运输状况、固定设施和轮转材料及生产情况、列车运行次数、运送力状况等的调查内容，并附有日本海岸的铁道等图标解说。

F542/1

経済上より観たる満蒙の道路/野中時雄編. —[不詳]:南満洲鉄道株式会社臨時経済調査委員会，昭和四年[1929]

710 頁:写真，地図，表;22 cm

資料，第五篇

该资料是对中国东北及北部地区的陆路概况，驿道站和驿站制情况，地势和地质状况，道路上所存在的障碍和河川上的渡船状态，奉天(注:今沈阳市)、吉林、黑龙江东部、蒙古等的道路情况的调查内容。

F542.8/1

蒐集機関ノ現態ト改善方向(荷馬車輸送二就テ)/満鉄. 産業部編. —謄写版. —[不詳]:[満鉄. 産業部]，昭和十二年[1937]

74 頁;27 cm

保 No.544，協組委 45，丙資分 394.5，印 150

该资料是对马车的运送方法，国际间的各种车拉物品的方法，马的运送、货物的汽车运送情况做的调查。

F552/2

北支河川水運調査報告:自第二隊至第七隊/支那駐屯軍司令部乙囑託港湾班編. —[不詳]:[不詳]，昭和十二年[1937]

874 頁:地図，図表;22 cm

北支・産業調査書類，第六編第二卷

该书为对中国北部河川水运的调查报告，主要分为总论和调查报告两部分。在总论篇里，介绍了中国北部的地形和各河川的流域面积、气象、各河川的概要、各河川的治水情况、改修灌溉现状等内容;其中，包括山东省的山岳地带。调查报告篇里，有对大运河、黄河中下游、黄河上游、蓟运河、北运河、永定河、大清河、子牙河等流域情况的调查内容。其中，在大运河的调查报告里，包括了概要、现状及设施、运河的经济地位、运河的处理计划、结论等内容。在运河的经济地位篇中，提及了山东运河沿线城市、山东南运河沿线的情况。在黄河中下游的调查报告中，介绍了黄河中下游概要、河川现状、黄河下游的经济地位等内容。在黄河上游的调查报告篇中，介绍了黄河上游的概况、黄河上游的航行状况、黄河上游的货运状况、沿岸治安等方面。在蓟运河、北运河的调查报告篇中,介绍了蓟运河干支流的水运、北运河干支流的水运状况,水运和陆运的关系,河川的改修和灌溉工程计划等方面。在永定河、大清河的调查报告篇中,介绍了河的水系、水路状况、河川的经济地位等方面。在子牙河的调查报告篇中,介绍了子牙河的概况、输送状况、河川的现状、主要城市的经济情况。该书附有运河全图、各县的合作情况表等图表。

F552/3

貨物輸送ヨリ観タル陸港湾ノ近状ト対策案/満鉄.調査部編.—謄写版.—[不詳]:[満鉄.調査部],昭和十六年[1941]

63 頁;27 cm

该计划主要海路运输的重要性、大陆港湾经营的要谛、大陆港湾经营的概要、大连港的特异性对港湾运输的对策等内容。

F552.752/1

青島港経営現状ノ概要ト対策案/満鉄・調査部編.—[不詳]:[満鉄・調査部],昭和十六年[1941]

110 頁:図表;26 cm

保 No.516,調、部附 15,乙資分 440—23,印 150

该资料是由"满铁"调查部编写的青岛港的经营现状概要和对策计划,主要有青岛港设施的现状、该港的管理经营现状的概要和对策等内容。在青岛港设施的现状篇中,介绍了青岛港的交通设施、海上设施的现状、陆地设施的现状、小码头设施的现状、扩张计划概要等内容。在该港的管理经营现状的概要篇中,介绍了青岛港码头的经营管理状态、各码头的运营状态、码头和船舶之间货物的授受状态、货物销售状态、码头劳工运营现状、装卸能力状态、设施的不完备状态、车船的联运现状、对码头费用的考察、码头监视状态、该港腹地铁路运营的现状、青岛码头公司的业务等内容。其中,也介绍了青岛码头股份公司及其职制、青岛—连云港的定期班轮、青岛—海州的定期班轮。在对策篇里,介绍了码头运营的目标和码头现场工作的调整、对策概要等内容。

F552.752/2

青島オ中心トスル海陸交通ノ概況/青島事務所編.—[不詳]:[不詳],昭和十五年[1940]

50 頁;25 cm

该资料是由青岛事务所编写的以青岛为中心的海陆交通概况的调查资料。介绍了以青岛文中心的陆运方面和海运方面的交通状况。在陆运方面，介绍了铁路、汽车、洋车及其他运输工具的运输情况。在铁路方面，介绍了胶济线的变迁、设备的概况、输送的概况、沿线治安情况。在汽车方面，有市内出租车、市内及其近郊的公共汽车（青岛交通）、长途车、市内汽车种类明细表。在洋车及其他方面，介绍了洋车、客运马车、自行车、货运马车、人力车、独轮车的运输情况。在海运方面，介绍了青岛港的变迁、青岛港的设备能力、青岛港的特殊性、青岛海运的变迁和列国势力的角逐等内容。在海运方面，介绍了青岛港和内外诸港的关系、青岛港贸易的增长情况。在海运输送概要方面，介绍了输送成果的演变、主要货物的数量极其流动情况、煤炭的输送数量等内容。

F552.758/1

盤谷港/東亜海運株式会社営業部企画課編.—謄写版—[不詳]:東亜海運株式会社営業部企画課，昭和十六年[1941]

36 頁:図表;25 cm

港湾調査資料，第八輯

该书介绍了盘谷港的经济意义，盘谷港的概况，湄南河口以及阁锡昌岛的港湾状态，港湾码头的概况，阁锡昌岛港湾和河内港的装卸能力，港口费及港税，强制领港费率，港口税以及其他的费用，交货及收货的情况、进出口的货物等内容。

F552.766/1

汕頭港/東亜海運株式会社営業部企画課編.—謄写版.—[不詳]:東亜海運株式会社営業部企画課，昭和十六年[1941]

44 頁:地図，図表;26 cm

该资料介绍了汕头港的沿革、气象、潮汐以及潮流、港湾的概况、港湾设施、各种费用等方面的内容。附有汕头港湾图。

F542/2

北支自動車交通事業及道路現況調査報告/支那駐屯軍司令部乙嘱託鉄道班編.—[不詳]:支那駐屯軍司令部乙嘱託班，昭和十二年[1937]

8,489,15 頁;22 cm

该资料为华北汽车交通事业及道路现况的调查报告。主要是对河北、山东、山西察哈尔、绥远等省的汽车交通概况，交通线路及经营者、车辆、运行、运费、道路的建设、汽车公司等状况，道路网建设的计划，所踏查多路的状况和交通的法规等方面做的调查。书中附有诸多的统计表和多附汽车线路的探查图。也涉及青岛市内的汽车交通事业。核对青烟路的探查状况的调查等内容。

F552/2

北支河川水運調査報告:自第二隊至第七隊/支那駐屯軍司令部乙嘱託港湾班編.—[不詳]:[不詳],昭和十二年[1937]

874 頁;22 cm

该书为日本第二队至第七队撰写的调查报告,主要对华北合川水运状况做了调查。主要有对大运河、黄河中下游、黄河上游、(河口镇—绣花堂间)、苏运河.北运河(冀东区域内)、永定河、大清河(含各支流)、子牙河(含各支流)的河流的概要、气象条件、地势、沿线的生产状况、水位、用水量、水路运输等作了详细的调查。书中附有诸多的图表。

F552.8/1

北支港湾調査報告:第一隊/[不詳].—[不詳]:支那駐屯軍司令部,[不詳]

172 頁;22 cm

该资料是对华北港湾状况的调查报告。第一部分是对华北港口调查报告,主要有白河、减水河口、太活、道子口、黄河济南至清河镇段、黄河等的地理概要,白河以及附近运河在华北运输系统的价值,河海工程局略史,华北水利委员会的功能,天津入港船舶的介绍,港湾报告的要领和调查的概要,由地质及潮流调查看海港建设的考察,秦皇岛港口的气象、附近地形、港湾状况、工程材料、码头装卸工、海上交通等等状况,白河结冰结冰状况,对山东商运的投资问题、胶济铁路延长问题、以青岛为中心的海运的问题等方面的调查内容。资料中附有多幅地图和统计图表。

F553.136/1

社外船配船状況推移調.四自昭和十五年十一月至昭和十六年一月/東亜海運株式会社営業部企画課編.—謄写版.—[不詳]:東亜海運株式会社,昭和十六年[1941]

11 頁;25 cm

調査資料,第三卷第五号

该资料是对外船只的配船状况的变迁的调查内容。附有配船状况的变迁的调查表等图表。

F553.136/2

日本法人北支海運株式会社経営案/満鉄.産業部編.—謄写版.—[不詳]:[満鉄.産業

部],昭和十三年[1938]

28 頁;27 cm

保 No.1833,産交河 48,乙立分 372.1,S395.3,印 50

该资料是华北海运株式会社在经营的形态、主体问题、组织内容、运营的方法、配出计划及所需船舱、收支计划、所需资金等方面做的计划。

F555.12/1

黒龍江及其支流の航運/南滿洲鉄道株式会社庶務部調查課編.—大阪:大阪每日新聞社,東京:東京日日新聞社,昭和三年[1928]

496 頁:図表,地図;23 cm

露亞経済調查叢書

该书对黑龙江商船队的起源及发展的现状、黑龙江流域的造船及机械制造所情况、现有的船舶情况、黑龙江各支流的官有私有船舶明细、船舶从业人员、燃料及其状态、定期邮政航路的设定、黑龙江流域各支流的旅客的动态、流送船的航行情况、流伐的动态、由货物运送看黑龙江流域各支流的通航能力、现行的水路运货、船体及货物保险、水路和黑龙江铁道间的分配输送的货物等方面进行了介绍。

F561/1

英、米、佛、蘇、航空工業ノ現状/調査部資料課編.—謄写版.—[不詳]:調査部資料課,昭和十四年[1939]

17 頁;26 cm

調資資二乙三九,第一号の一〇三

该书介绍了英国、美国、法国和前苏联的航空工业的现状。

F572.885.2/1

青島市内ニ於ケル交通整備ニ関スル考察:特ニ周辺無軌条電車計画ヲ中心トシテ/華北交通株式会社青島事務所編.—謄写版.—青島:華北交通株式会社,昭和十七年[1942]

83 頁:図表;26 cm

该资料是对以周边无轨电车计划为中心的青岛市内交通管理的考察。主要有对青岛市街发展的历史、青岛市内交通供需的概况、青岛市街与交通整治的必要性、市街交通整治的方法等内容。其中,对青岛市内交通供给的交通机关的配备状况和运输业状况、乘客的流量和交通需要的状况、交通机关的配备状况与运输业绩中的交通公司的关系、中国北部交通公司的关系以及其他交通机关的概况的考察。在市街交通整治的方法论篇中，介绍了与都市的交通机关的情况，青岛市内交通整治方法。在相关无轨电车企业计划的诸多问题篇中，对过去的电车计划的概况、路线的选定和车辆配备计划、电力供给与材料获得的问题、与企业收入与支出、企业经营主体问题进行了说明，对事业费的粗略计算、运输率与运输进口、与营业可能性进行了介绍。

F426.1/6(5)

杭州ニ於ケル運送業/満鉄.上海事務所調査室編.—謄写版.—[上海]:[満鉄.上海事務所調査室],昭和十七年[1932]

43頁;26 cm

该资料是对杭州的地理位置及转运公司和过塘行的调查内容。

F572.887.19/1

重慶ヲ中心トセル物資運輸交通概況/満鉄.上海事務所編.—謄写版.—[上海]:[満鉄.上海事務所],昭和十五年[1940]

12頁;27 cm

貿易半月刊,第一卷,第六、七合期

该资料是对以重庆为中心的物资运输的路程、用具、货物输出地的运输情况等的调查内容。

F712.8/1

東満(管下)糧桟ノ實態調査/牡丹江鉄路局総務処資料科編.—謄写版.—[不詳]:満鉄.北満経済調査所,昭和十二年[1937]

144頁:図表;26 cm

该资料是对中国东北等地区粮栈的实态，贸易概况，牡丹江、海林、下城子、一面坡、仙洞、林口、勃利、佳木斯、密云、莫和山、平阳、宁安、南京城、延吉、钝化、龙井等地的粮栈概况进行的调查。

F715.51/16

商業簿記/満鉄.上海事務所編.—[上海]:[満鉄.上海事務所],昭和十七年[1942]

132頁;27 cm

该资料是对源康棉布行、云章绸布庄、隆昌帽扇百货行、大有丰百货行的概况，账簿组织，现金系统，记账法及记入例，结算等方面的调查内容。

F72/6

「滿鉄経済資料」/「滿鉄経済資料」. —謄写版. —[不詳]:[不詳],[不詳]

123 頁:挿図,図表;24 cm

该资料通过1938～1939年对张家口、石家庄、太原、济南、徐州、青岛、北京、天津等城市的商品流通的两次实地考察、调查后编写,具体介绍了北京、天津、石家庄、张家口、太原、济南、青岛等地的农产物的物价以及市场价格情况,金融、棉花、商品流通、棉花的流通的机构,交易的习惯,金融通货情况,米的物价情况,盐和煤炭资源的流通和配给状况等内容。

F72/7

中小商工業者の大陸進出問題/青島日本商工会議所編. —謄写版. —[不詳]:[不詳],昭和十五年[1940]

34 頁;26 cm

该资料主要介绍了山东省内的日资商行的经济势力、七七事变后日资商行的发展状况、工业的现状和中小工商业者的发展界限。资料中也有分析日本侵华后日资商行在山东的经济势力。附有七七事变后日资商行的发展状况表、新建商行的不同营业状态的统计表、个人商行经营效率一览表、青岛工业状态一览表、在青岛的日本人经营工厂数量一览表等诸多图表。

F721/1(2)

中支商工慣行資料. 第二輯,牙行制度/滿鉄. 上海事務所調査室編. —謄写版. —[上海]:[滿鉄. 上海事務所調査室],昭和十五年[1940]

101 頁;27 cm

保 No. 288,上資慣 1,丁資分 381—3,印 150

该资料汇集了中国的牙行制度、中国的牙行的情况、对泰县曲塘的粮行的调查、高淳东霸的粮行及江浙各地牙行的文献资料。(注:牙行是中国古代和近代市场中为买卖双方介绍交易、评定商品质量、价格的居间行商。)

F722/1

杭州ニ於ケル商業帳簿調査. 其ノ一/滿鉄. 上海事務所調査室編. —謄写版. —[不詳]:滿鉄. 上海事務所調査室,昭和十七年[1932]

66 頁,25 cm

保 No. 393,上調三 11,丁資分 330—30,印 200

该资料主要是对中国的会计的历史、布庄的账簿组成情况、记账法及记入法、结算等布庄的账簿等方面的调查内容。

F723/2

満洲ニ於ケル蔬菜ノ需給調查.其ノ二哈爾濱/満鉄.調查部編.—謄写版.—[不詳]:満鉄.調查部,昭和十四年[1939]

101 頁:図表;27 cm

保 No.334,調 1—34,丁資分 840—17

该书是对日本侵华时中国东北地区的蔬菜贸易情况的调查,包括铁道输送蔬菜的消费额,水运蔬菜的消费额,哈尔滨中央批发市场蔬菜的消费额,哈尔滨中央批发市场上的日本内地产、台湾地区产、朝鲜产、哈尔滨近郊的蔬菜生产状况,哈尔滨的蔬菜消费额和出售额情况等内容。

F723/3

間島省ニ於ケル大豆共同販売ニ就テ/満鉄産業部編.—謄写版.—[不詳]:[満鉄産業部],昭和十二年[1937]

69 頁;27 cm

保 No.460,協組委 37,乙資分 371.4,S335.1,印 120

该资料主要有对 1935 年中国东北地区贩卖大豆的实际业绩的探讨,1936 年改革的计划的概要等内容,附有 1936 年大豆贩卖的斡旋计划,1936 年贩卖的实际业绩等图表。

F724/2

青島ニ於ケル主要商品流通事情/興亞院青島都市計画事務所編.—[不詳]:[不詳],昭和十四年[1939]

121 頁;26 cm

该书是由兴亚院青岛都市计划事务所编写,介绍了青岛主要商品的流通情况。主要包括花生、棉花、生牛、小麦、面粉、盐、棉线棉布、砂糖、石油等的流通状况。关于花生的情况,主要介绍了在济南集中后从青岛输出的路径、花生的包装打包、花生和花生油的贸易统筹、最近四年间青岛市花生的供需、青岛港各个种类的花生向第三国家的出口额、青岛花生出口业者和各国商人的势力范畴等内容。关于砂糖的情况,介绍了砂糖的税率、交易情况、青岛的供需情况等内容。关于棉花的情况,介绍棉花的出口路线、交易路线、附属机关、棉业公会营业条约、青岛市场的经办棉花业者、青岛棉花的供需情况等内容。关于小麦的情况,介绍了小麦的出口路线、济南的小麦种植和交易、交易机关及交易方面的情况、济南粮业公会的营业条约等内容。关于面粉情况，介绍了面粉的交易季节、主要产物、主要产地等方面的内容。

F724/3

北支主要都市商品流通事情：第七編，済南、徐州/滿鉄. 北支事務局調查部編. —謄写版. —[不詳]：滿鉄. 北支事務局，昭和十四年[1939]

269 頁：図表；27 cm

保 No. 1855，北調商 15，丙資分 307，印 400

该书介绍了中国北部的主要商品流通情况，包括中国北部的经济概况，商业机构，主要商社，金融情况，棉花、棉系、棉布、丝绸、纸、花生、米、小麦、小麦粉、砂糖、茶、煤炭等主要商品供求和交易情况，石油的供需情况，交易机构，交易习惯等内容。

F725.6/2

農畜産物出廻調查報告：京包線張家口、大同、平地泉、厚和、包頭/滿鉄. 北支事務局調查部編. —謄写版. —[不詳]：[滿鉄. 北支事務局調查部]，昭和十三年[1938]

388 頁：地図；27 cm

保 No. 144. 2，北調農 63，丙資分 266

该资料是对京包线的张家口、大同、平地泉、厚和、包头等地的概况，农产、畜产的腹地，上市状况，交易关系，消费状况等的调查内容。

F726/5

蒙疆公定価格制ニ就テ/産業部工商科物価股編. —謄写版. —[不詳]：[産業部工商科物価股]，成紀七三五年[1939]

30 頁；27 cm

该资料对公定价格的定义、为何要实施公定价格、如何维持公定价格、公定价格表、物价委员会的职责、物价对策要领、物品贩卖取缔规则等内容的介绍。

F726.1/1

無錫米市ノ慣行概況：主トシテ米行ヲ中心ニ観タ/滿鉄. 上海事務所調查室編. —謄写版. —上海：滿鉄. 上海事務所調查室，[不詳]

134 頁；27 cm

保 No. 305，上調八—85，丁資分 380，印 20

该资料是对无锡米市的沿革、组织、米谷的来源地、从各来源地的贩运状况、市场的交易状况、米行的企业组织机构、同业公会、米行以外的米谷杂粮业的惯性概况、米市的金融概况、米市的米价的抑制和粮食调整政策等的调查内容。

F726.2/1

青島市ノ物価趨勢ト対各主要都市比較/青島事務所編.—[不詳]:[不詳],昭和十五年[1940]

27 頁;27 cm

该资料调查了青岛市的各物价趋势和概况,主要介绍了 1939 年 4 月以后青岛物价的趋势、青岛与各主要城市的零售品价格趋势比较、青岛与各主要城市的生活必需品零售价格比较、在青岛的日本人生活费等内容。在与各主要城市的零售品价格趋势比较篇里,介绍了青岛市总的零售价格、食品材料、燃料、杂物、衣料等物价趋势。在比较的城市篇中,包括青岛同北京、天津、济南、上海、大连的物价的比较。资料中也分析了物价上涨原因,提到了青岛日本工商会议所调查的对在青岛日本人的生活费研究。该书附有 1940 年 3 月青岛市的主要零售商品价格指数表、青岛市主要零售商品的价格趋势表。

F727.2/1

冀東特殊貿易の実情/南満洲鉄道株式会社天津事務所調査課編.—[不詳]:[天津事務所],昭和十一年[1936]

85 頁;22 cm

北支経済資料,第十八輯

该资料是对冀东特殊贸易的产生的原因和发生经过,冀东税务机构,冀东贸易的路径,冀东的航运、贸易从业者和金融从业者的情况,贸易品及其数量和金额等特殊贸易概况等的调查内容。

F727.3/1

間島省滿洲國消費組合二就テ[資料時報]/調.資料課編.—謄写版.—[不詳]:[調.資料課],昭和十五年[1940]

31 頁;26 cm

調資資二乙三九,第二号ノ一三三

该资料是对间道省等地区的消费组合的机构、消费组合的定款、事业计划书等的调查内容。附有配给物品定价表。

F727.31/1

奉天商業実態調査経緯報告/滿鉄・產業部編.—謄写版.—[不詳]:滿鉄・產業部,昭

和十二年[1937]

125 頁:図表;27 cm

保 No.1465,産商商 26,丁資分 370.1

该资料是对奉天的商业调查,共分六部分。第一部分是实施商业实态调查前的准备,主要包括调查的目的、调查的都市、调查的持续时间及日期、调查的机关、调查的范围、商业调查户数等内容。第二部分是商业实态调查实施经过,主要介绍了商业实态调查计划的变更、调查前的准备工作、调查的实施方法等内容。第三部分是商业实态调查成绩,包括日商的商业实态调查成绩、满商的商业实态调查成绩以及商业实态调查成绩三个要点。第四部分是针对商业调查的感想。第五部分是更正调查表的意见。第六部分为在商业实态调查中显现的商界各种趋势。

F727.35/1

牡丹江ヲ中心トスル最近一箇年間ノ物価趨勢ニ就テ/牡丹江鉄路局総務課資料係編.—謄写版.—[牡丹江]:[牡丹江鉄路局総務課資料係],昭和十三年[1938]

40 頁:表;26 cm

牡局綜合情報,第一三号

该资料以牡丹江为中心从各地物价情况、月指数、七月物价情况、物价涨幅的直接和间接原因,食品、服装、建筑材料燃料、杂品等方面的各个地区的物价上涨状况、上涨原因及物价的对策等进行了分析和调查。

F727.45/1

新疆省ニ於ケル貿易ニ/調査部編.—謄写版.—[不詳]:[調査部],[不詳]

84 頁;27 cm

该资料对新疆各地方产业贸易的情况、贸易商品的输送及上市方法,前苏联贸易、新疆的地形状况,新疆的资源和物产,新疆的民族问题,新疆的教育、交通的发展及一些军政的事情做了调查。

F727.52/1

青島ニ於ケル物価動向並主要商品取引状況/[不詳].—謄写版.—青島:[不詳],[不詳]

165 頁:図表;26 cm

该资料是对青岛交易所出售物品的情况,谷类、蔬菜、砂糖、棉花、花生、建筑材料等主要商品的价格和交易状况的调查内容。

F727.53/1

無錫ニ於ケル商業帳簿調查/滿鉄.上海事務所調查部編.—謄写版.—[不詳]:[滿鉄.上海事務所調查部],昭和十八年[1943]

1冊;27 cm

保 No.421,上調三.31,丁資分 380—38,印 150

该资料是对无锡米行的账簿中的组织情况,记账法和记入例,堆栈的账簿中当铺的概况的调查内容。

F727.54/1

中支主要都市商品流通調查(蚌埠)/伊藤武雄編.—上海:南滿洲鉄道株式会社上海事務所,昭和十五年[1940]

181頁;22 cm

该资料是对蚌埠的经济状况,被日本占领地区和非占领区的物资交流关系,牛皮、鸡蛋、麻、植物油、石油等各主要商品市场的概况,七七事变后商品交易机构的编制和地方治安等做的调查。

F727.658/1

貿易上ノ観点ヨリ見タル香港ノ援蒋性/滿鉄.上海事務所調查室編.—謄写版.—上海:[滿鉄.上海事務所調查室],昭和十六年[1941]

188頁;26 cm

保 No.317,上調五—50,丁資分 391,印 130

该资料是对香港的概况,香港的各种贸易状况、贸易商品、贸易的动荡等状况研究。

F733.13/21

最近ニ於ケル物価ノ特徵ト其ノ影響[綜合資料]/滿鉄.調查部編.—謄写版.—[不詳]:[滿鉄.調查部],昭和十五年[1940]

15頁;26 cm

資ニ資四〇甲第一号ノ五八

该资料是对日本的物价形势及物价所产生的各种影响的调查内容。附有东京日用品价格指数等表格。

F734.1/1

比律賓ノ対外貿易/東亜海運株式会社営業部企画課編.—謄写版.—[不詳]:[東亜海

運株式会社],昭和十五年[1940]

30 頁;25 cm

調查内報,一五一二九

该资料通过分析菲律宾的《年对外贸易表》《对外贸易国别的总贸易表》《进出口额表》《进出口类别贸易额表》《各港口的进出口贸易状况表》和各国对菲律宾的贸易额中,中国的地位、菲律宾对华贸易《累计年增长额表》以及《1933～1935 年中国对菲律宾的贸易表》《中国对菲律宾主要商品类别贸易额表》等各种图表来阐述菲律宾的对外贸易状况。

F735.12/3

東部滿蘇國境密輸史/牡丹江鉄道局総務課資料係編.—謄写版.—[牡丹江]:[牡丹江鉄道局総務課資料係],昭和十三年[1938]

24 頁;26 cm

牡局情報資料,第一六号

该资料是对"伪满洲国"和前苏联国境的运输状况的调查内容,主要包括东部国境的运输状况,秘密贸易的沿革情况、原因和兴衰等内容。

F735.126/1

ソ聯邦物価政策(中間報告)/喜多村直治編.—[不詳]:[不詳],[不詳]

36 頁;27 cm

该书介绍了前苏联的物价政策,包括前苏联的物价体系,前苏联商品税率,制定价格的机构,前苏联物价政策与国民生活的关系,货币数量的变迁和指数等内容。附有建材、钢材等生产资料每天的批发价格比较表。

F75/1

全支对外貿易概況/滿鉄調查部編.—謄写版.—[不詳]:[滿鉄調查部],昭和十六年[1941]

57 頁;26 cm

该书介绍了中国的对外贸易状况。主要有中国对外贸易的发展趋势,中国北部贸易在全国贸易中的地位,各港口在中国北部进出口贸易中的地位,各国在中国北部贸易的势力等内容。附最近 6 年 1 月至 7 月的贸易额表,最近 10 年全国对外貿易额表,最近 3 年天津、青岛两港各月进出口比较表,1937 年度天津港各国商品贸易额表,各地区贸易额表,中国北部各年度、各国贸易额表,最近 10 年间中国北部贸易额表等表格。

F752/3(2)

全支對外貿易ノ解剖(二月份)/調査部資料課編.—謄写版.—[不詳]:[調査部資料課],昭和十五年[1940]

42頁:図表;26 cm

该资料主要包括中国对外贸易的一般概况、进出口概况、不同进口国的贸易的内容、不同出口国贸易的内容、进口出商品的内容等内容。附有进出口总贸易额图表、不同地区的贸易统计表、1940年2月上海港不同国家贸易进出口表等图表。

F752/3(8)

全支對外貿易ノ解剖(八月份)/調査部資料課著.—謄写版.—[不詳]:[調査部資料課],昭和十五年[1940]

42頁:図表;26 cm

该资料的主要内容包括中国对外贸易概况、中国不同地区的贸易状况、中国不同港口的贸易状况、中国与不同国家的贸易以及不同商品的贸易情况。在中国对外贸易的概况篇中,介绍了华北、华中地区以及重庆地区的贸易概况。在不同地区的贸易篇中,介绍了华中、华北、华南、重庆等地区贸易状况。在不同港口的贸易篇中,介绍了华中、华北、华南以及重庆地区的港口贸易状况,并附有中国北部的贸易额图表。其中也包括山东青岛的进出口额以及各月贸易额的比较情况。在不同国家的贸易篇中,分进口和出口部分,介绍了中国与不同国家之间的进出口额的现状以及贸易额的变化情况。在不同商品的贸易篇中,分进口和出口部分,介绍了不同商品的进出口额。

F752/4

青島牛ノ出回並本邦向輸出減退事情/満鉄.北支事務局調査室編.—謄写版.—青島:[北支事務局調査室],昭和十三年[1938]

19頁;26 cm

保No.126,北調農政24,丁資分266,印100

该资料是对青岛牛的交易及向日本出口缩减情况的调查内容。主要有山东省在中国著名生牛集散地及其出口率高的原因、山东省内畜牛生产的目的、山东省内生牛的分布状况等内容。同时也介绍了山东地区畜牛饲养最繁盛的西部及南部富裕农家及一般农家生牛的拥有状况,山东省内生牛的分布与农家分布的稠密程度关系,青岛牛的购入状况,畜牛的饲养费及汽车运送费情况,劳动者雇佣费及牛的价格等内容。

F752/5

支那对外貿易ノ検討:自昭和十五年一月至昭和十五年十二月/東亜海運株式会社営業部企画課編.—謄写版.—[不詳]:[東亜海運株式会社営業部企画課],昭和十六年[1941]

114 頁:図表;25 cm

该资料主要调查了中国对外贸易情况、不同地域的中国对外贸易的经济概况。在中国对外贸易情况篇中,有最近五年中国对外贸易总额、最近五年因地域差别对外贸易额、1940 年中国对外贸易的趋势和形势等内容。在各论部分篇中,有不同商品的中国对外贸易、国别差异的中国对外贸易、海关差异的中国对外贸易三部分。在不同商品的中国对外贸易篇中,介绍了中国商品的出口与进口状况。在国别差异的中国对外贸易篇中,有出口对象国与进口对象国及与中国贸易的主要国家的贸易状况,在海关差异的中国对外贸易篇中,有华北六港、上海及中南部的情况介绍。

F752/6(7)

全支对外貿易ノ解剖:七月分/調査部資料課編.—謄写版.—[不詳]:[調査部],昭和十六年[1941]

33 頁:図表;26 cm

该资料是对中国七月份对外贸易的剖析,分为五个部分,分别为概论、不同地域的贸易、不同港口的贸易、不同国别贸易和不同商品类别贸易。

F752/6(11)

全支对外貿易ノ解剖:「資料時報」:11 月/調査部資料課編.—謄写版.—[不詳]:[調査部],昭和十五年[1940]

64 頁:図表;26 cm

该资料是对中国七月份对外贸易的剖析,分为六个部分:一般概况、各地区差别以及港口差别、进口国的差别、出口国的差别、进口商品的差别、出口商品的差别。在各地区差别以及港口差别篇中,介绍了维新政府地区、临时政府地区、南部占领的地区、国民政府地区、主要港口的贸易状况。在进口国的差别篇中,介绍了日本、美国、英国殖民下的印度、荷兰统治下的印度、英国的进口贸易状况。在出口国家的差别篇中,介绍了美国、香港、佛教领域印度、英国、日本的出口贸易状况。在进口商品类别中,介绍了杂粮以及杂粮粉、棉花棉丝以及棉缝丝、蜡烛以及油和脂类、金属及矿砂、杂货、车辆及船舶等商品的进口贸易的状况。

F752/7

満,関,支向輸出承認制ノ大阪、大連、青島各市場ニ及ホス影響:綜合資料/資料課編. —[不詳]:[不詳],昭和十四年[1939]

22 頁;25 cm

该资料是对中国的出口承认制度对日本的大阪、中国的大连和青岛各市场的影响的调查内容,主要介绍了中国出口承认制度的实行及其对大阪市场的影响、对中国市场的影响。在该资料的青岛商议报告和对青岛市场的影响中,主要从贸易的中断,当地物价的混乱状况,生活不安定状况,华人对日本信任度的降低和出口物资的减少情况,日本商权的丧失情况,青岛及其山东的特殊性方面进行了调查和介绍。该书附有青岛港日本物品进口表。

F752/8

最近ノ支那対外貿易入超ノ激増及其ノ補填方法/満鉄. 北支経済調査所編. —謄写版. —[不詳]:[満鉄. 北支経済調査所],昭和十四年[1939]

34 頁;26 cm

保 No. 48,北経六,丁資分 2403,印 15

该资料为在方显廷编《中国经济研究下》一书中,由吴大业著的《最近中国对外贸易入超的暴增及其抵偿的方法》的翻译版。

F752/9

全支対外貿易ノ検討[資料時報]/調查部資料課編. —謄写版. —[不詳]:[調查部],昭和十六年[1941]

28 頁;26 cm

調資ニ資〇一第一ニ号一六

该资料是对中国贸易的概况、中国地域的贸易、中国港口的贸易、中国商品种类的贸易的调查内容。

F752/10

満支貿易と共栄圏貿易/米谷栄一著. —東京:中央公論社,昭和十八年[1943]

92 頁;19 cm

该书介绍了中国、“伪满洲”贸易的沿革和概况,日本“大东亚共荣圈”的贸易问题等内容。书中附有诸多的贸易统计表。

F752.5/2

中国海関制度/東亜海運株式会社営業部企画課編. —謄写版. —[不詳]:東亜海運株

式会社営業部企画課,昭和十六年[1941]

56 頁:図表;25 cm

調査資料,第三巻第一〇号

该书介绍了中国海关的沿革概况、英国的在中国海关的独裁权的确立、中国自主权的回收、海关的分离问题、海关收入的重要性、海关的接收、关税改正问题、中国海关的组织和江海关组织、中国海关的行政系统、中国海关总税务司处的组织和机构等方面的内容。

F752.5/4

事変前ニ於ケル支那関税収入ト其ノ使途ニ就テ/满鉄.北支事務局調査部編.—謄写版.—[不詳]:[満鉄.北支事務局調査部],昭和十三年[1938]

42 頁;27 cm

保 No.143,北調商 5,丁資分 306,印 100

该资料是对七七事变前中国关税收入及其用途做的调查内容。主要包括海关收入的意义及种类、外债的赔偿和内债担保关系、特殊经费的支出、海关收入的各种统计、内外债支付的现状等内容。

F752.6/1(2)

農畜産物出廻調査報告:京漢線、北京、保定、石家荘、順徳、彰徳/満鉄.北支事務局調査部編.—謄写版.—[不詳]:[満鉄.北支事務局調査部],昭和十四年[1939]

11,366 頁:表,地図;25 cm

保 No.144.6,北調農 77,丙資分 266

该资料是对京汉线、北京、保定、石家庄、顺德、彰德等地的农畜产品交易情况的调查内容。资料中对京汉线的畜产概况,北京、保定、石家庄、顺德、彰德等地的经济概况,农产品交易机构,度量衡的情况,交易的农产品腹地的自然条件、实力、交易状况、运输手段和途径、通过铁路运输农产品的数量等做的调查。

F752.6/2

天津ニ於ケル屠場並牛肉湧出概況/満鉄.北支事務局調査室編.—謄写版.—[天津]:[満鉄.北支事務局調査室],昭和十三年[1938]

121 頁:表;24 cm

保 No.14,北調農 11,丁資分 273,印刷 150

该资料对天津屠宰场的牛、羊、猪的运入输出及交易情况,中国、日本、意大利、英国经营的屠宰公司的概况,各种畜肉及副产品的处理贩卖情况,天津牛肉的出口条件、出口的设施、输送能力、出口的预算、各种产品的出口数量及对屠宰场及牛肉出口的对策等做的调查。附有天津出口牛产品的屠杀头数、输出数量和屠宰场规则。

F752.6/3

天津ニ於ケル硫安ノ概況/[不詳].—謄写版.—[不詳]:[不詳],[不詳]

20 頁;27 cm

该资料是对天津的硫铵肥料制造商、总进口量年度预算做的统计,附有各肥料业者中国北部进出口计划书及其方法。

F752.62/2

北支ニ於ケル飼料關係品ノ對日輸出/満鉄調査部編.—謄写版.—[不詳]:[調査部資料部],昭和十五年[1940]

26 頁:図表;26 cm

保 No.428,調一調,43,丁資分 340—25,印 120

该资料主要介绍了中国对日出口的饲料品,中国北部对日出口的饲料品,1939 年后的对日出口状况,中国北部对日出口的麸、花生粕、饲料等商品的情况。在 1939 年对日出口状况篇中,介绍了中国北部粮食不足的原因。在中国北部对日出口的与饲料有关的商品篇中,介绍了中国北部商品化的麸及其产量的推算、对日出口的麸产地的界限、山东河北二省麸的产量、对日输出麸的数量和产量的比率、中国北部麸生产减少的原因、中国北部麸的品质、对日出口麸的看法等内容。在中国北部对日出口的花生粕篇中,介绍了对花生粕饲料价值的探讨、中国北部花生和花生粕的产量以及中国北部花生粕的出口额情况、对日出口花生粕的前景等内容。该资料涉及山东省的花生粕的产量以及青岛的产麸工场概况。附有全中国的饲料出口总额与对日出口额的比率表、中国北部杂饲料的对日出口表等表格。

F752.655/1

満洲ニ於ケル豚毛輸出状況調査/満鉄.産業部編.—謄写版.—[不詳]:満鉄.産業部,昭和十三年[1938]

54 頁:図表;27 cm

该资料调查了中国东北等地区的猪毛输出情况,包括在“伪满洲国”输出市场上猪毛的地位,“伪满洲国”猪毛的生产及集散状况,猪毛的出口、税率、生产以及消费情况等内容。

F752.757.6/1

満独貿易協定ト独逸原料供給問題ニ付テ/産業部編.—謄写版.—[不詳]:[産業部],[不詳]

3頁;27 cm

该资料主要内容包括“伪满洲国”和德国贸易协定的条文,德国商品管理所的状况,对“伪满洲国”的贸易情况、德国的出口状况和德商的愿望。附三年间“伪满洲国”对日总贸易额及日本对德贸易额等图表。

F752.821/1

天津ヲ中心トスル総動員関係資源調査/満鉄.北支事務局天津調査分室編.—謄写版—天津:[満鉄.北支事務局天津調査分室],昭和十三年[1938]

65頁:図表;27 cm

该资料主要介绍了以天津为中心的煤炭、钨、铁屑、棉花、棉布、羊毛、皮革、皮毛、麻等资源开发和生产情况。在煤篇中,主要介绍了开滦煤炭和长城煤炭两部分。

F752.821/2(1)

上海港対外貿易ノ解剖(一月分)[資料時報]/調査部.資料課編.—謄写版.—[不詳]:[調査部],昭和十五年[1940]

42頁;26 cm

調資資ニ乙三九第ニ号ノ一五七

该书主要包括各国进出口的统计、进出口商品的内容和概况、进出口国等内容。

F752.821/2(3)

上海港対外貿易ノ解剖(三月分)[調査資料]/調査部.資料課編.—謄写版.—[不詳]:[調査部資料課],昭和十四年[1939]

29頁;26 cm

该资料调查了上海港的一般概况、进出口国别的贸易状况及进出口商品的状况。

F752.821/2(4)

上海港対外貿易ノ解剖(四月分)[調査資料]/調査部.資料課編.—謄写版.—[不詳]:[調査部資料課],昭和十六年[1941]

23頁;26 cm

調資二資〇一第一二号一四

该资料介绍了对上海对外贸易的一般情况、贸易进出口的国别、进出口商品种类等的调查内容。

F752.821/2(5)

上海港対外貿易ノ解剖(五月分)[調査資料]/調査部資料課編.—謄写版.—[不詳]:[調査部資料課],昭和十六年[1941]

24 頁;27 cm

该资料是对上海港的概况、不同国家的贸易的进出口状况以及不同商品的贸易做的调查。

F752.851/1(4)

上海港封圓ブロック貿易ノ解剖:資料時報/調査部資料課編.—[不詳]:[不詳],昭和十六年[1941]

14 頁;26 cm

調資二資〇一第一二號一八,昭和十六年七月八日

该资料主要为对上海港的贸易概况、不同商品的贸易情况、进出口的贸易概况等做的调查。

F752.851/1(11)

上海港封圓域貿易ノ解剖:資料時報/調査部資料課編.—[不詳]:[不詳],昭和十七年[1942]

15 頁;26 cm

調資二資〇一第一二號四一,昭和十七年二月一日

该资料主要是 1942 年 2 月上海港的贸易概况及不同商品的贸易、进出口的贸易概况等的调查内容。

F752.851/2(8)

上海港封圓域貿易ノ概況.八月分/調査部資料課編.—[不詳]:[不詳],昭和十六年[1941]

15 頁;26 cm

調資二資〇一第一二號三二,昭和十六年十一月八日

该资料主要是对 1941 年 11 月上海港的贸易概况及不同商品的贸易、进出口的贸易概况等做的调查。

F752.852/2

青島を中心と戎克貿易事情/堀内清雄編.—謄写版.—[不詳]:[北支経済調査所],昭和十七年[1942]

23 頁:図表;21 cm

该书是是对以青岛为中心的帆船贸易的调查。主要调查了山东沿岸一带帆船贸易种类以及形态,以青岛为中心的帆船贸易等方面。在帆船的形态篇中,介绍了北方型和南方型的帆船。在关于以青岛为中心的帆船贸易篇中,介绍了以青岛为中心的帆船贸易的活动范围及根据地区差别来看的贸易品种等内容。

F752.852/3

山東省二於ケル主要農産物(綿花、小麦、雑穀)ノ生産竝出廻事情/満鉄.北支経済調査所編.—謄写版.—[不詳]:[満鉄.北支経済調査所],昭和十七年[1942]

55 頁;27 cm

保 No.288,北経済分 0,印 150

该资料是对山东省主要农产物的生产和贸易情况的调查,包含了 18 个表格:山东省的土地面积、户数、人口和比率表,山东省的棉作面积和棉产量表、1936 年度山东省棉花播种面积表,1939~1941 年度山东省棉花播种面积,1942 年度山东省棉花播种面积和预计产量表,山东省各地区棉花出口数量表,山东省 1937 年以后棉花出口数量表、山东省小麦播种面积和产量表,济南军队管理面工厂的原麦使用情况等。

F753/2

最近ノ香港—佛印(海防ヲ主トス)貿易ト滇越鉄道(秘)/調査部資料課編.—謄写版.—[不詳]:調査部資料課,昭和十四年[1939]

17 頁:図表;25 cm

調資資二乙三九第一号ノ一四八

该资料是对香港的海外贸易和云南的滇越铁路情况的调查,具体包括海防贸易地位、香港 1937~1939 年的对外各商品出口情况、滇越铁路运输能力等内容。

F753.13/5

日本ノ対北支貿易制限ノ影響ニ就テ……北支工業ノ見地ヨリ看タル……/満鉄.北支事務局調査部編.—謄写版.—[不詳]:満鉄.北支事務局調査部,[不詳]

7 頁;25 cm

该书是对日本对中国北部贸易限制的影响以及中国北部工业情况的调查,介绍了中国北部的棉丝、棉织物、棉制品、毛丝、毛织物以及毛制品、人造丝绸、人造丝绸物品、纸、铜、青铜、钢以及其制造物的生产、使用和消费情况。涉及了青岛的自行车轮胎生产等相关的内容。

F753.13/6

圓域向輸出数量指数ト単価指数/満鉄東京支社調査室編.—謄写版.—[東京]:[満鉄東京支社調査室],昭和十五年[1940]

7頁:図表;26 cm

東調時資,四〇第一七九号

该资料包括对贸易指数的大体的倾向、关于贸易指数的见解、本指数生成方法的介绍等内容。

F753.53/1

関税制度改正ニ関スル意見書/[不詳].—謄写版.—[不詳]:[不詳],[不詳]

30頁;27 cm

该资料主要有现行关税制度的障碍、对于这些障碍的修正、关税对日本的关系及对中国北部的关系等内容。

F755.12/1(1)

ソウェート聯邦の国営貿易論.上卷/南滿洲鉄道株式会社庶務部調査課編.—大阪:大阪毎日新聞社,東京:東京日日新聞社,昭和四年[1929]

297頁;23 cm

露亞経済調査叢書

该书对前苏联的对外贸易经济及政治意义、对外贸易的体制状况、贸易平衡问题、贸易的进出口问题、运输问题等作了阐述。

F755.12/1(2)

ソウェート聯邦の国営貿易論.下卷/南滿洲鉄道株式会社庶務部調査課編.—大阪:大阪毎日新聞社,東京:東京日日新聞社,昭和四年[1929]

224頁:図表;23 cm

露亞経済調査叢書

该书对前苏联的对外关系,日本的财政及权利问题作了阐述。

F757.127/1

米國ノ對中南米貿易ニ関スル研究/東京支社調査室編.—謄写版.—東京:東京支社

調査室,昭和十三年[1938]

40 頁;26 cm

该资料对美国中南部的贸易情况做了调查。包括"门罗主义"的三阶段、"泛美会议"的历史、第一次世界大战爆发后的出现的各种贸易问题、古巴会议内容、美国内政治运动的取缔、欧洲诸国属地相关的协定和泛美输出卡特尔组织情况等内容。

F76/11

北支商品綜覽/南満洲鉄道株式会社調査部編.—東京:日本評論社,昭和十八年[1943]

568 頁:図表;22 cm

该书是对中国北部商品的介绍,包括石油流通情况、火柴流通情况、不同地方火柴的供需情况、烟叶流通情况、木材流通情况、硫酸铵原料流通情况、护膜产品流通情况等方面的介绍。其中介绍了青岛火柴供求状况及在青岛的硫酸铵原料进口商、青岛商品价格构成、青岛商品生产状况、作为中国北部重要市场的青岛市场的生产和供求状况等有关青岛的内容。

F76/15

天津ニ於ケル商品統制状況/満鉄.北支経済調査所編.—謄写版.—[不詳]:[満鉄.北支経済調査所],[不詳]

69 頁;25 cm

该资料是对天津的统制机关、在统制方法下的统制商品及其内容、公定价格统制的效果等的调查内容。

F760.2/2

青島主要商品調査計画資料;其ノ一/青島調査機関聯合会商品調査分科委員会編.—謄写版.—[青島]:[青島調査機関聯合会商品調査分科委会],昭和十五年[1940]

4 頁:地図;27 cm

该书是青岛主要商品调查计划资料,主要有谷菽类、谷类、酿造品、调味料、茶、香烟、海产品等饮食以及嗜好品类,棉以及棉制品及同等制品类,麻以及同等制品,人造绢以及同等制品类,毛制品类,纤维废料类,工艺品类,纸及同等制品,矿物金属以及同等制品类,油类如矿物油类,植物油和油脂产品等公司的情况的调查资料。

F762/1

北支に於ける落花生、落花生油及落花生粕調査/興亜院政務部編.[不詳]:[東亜院政

務部],昭和十五年[1940]

184 頁;21 cm

该资料是由兴亚院政务部编写的关于中国北部的花生、花生油、花生渣滓情况的调查报告,介绍了山东省、河北省、山西省、江苏省、河南省等省份的花生、花生油、花生渣滓不同的产地、交易途径、生产额、交易状况运输等概况,附有花生的世界生产额统计表、世界不同国家花生产额统计表、全球主要国家花生进出口额统计表等图表。

F762.1/1

山東省(青島)肥料配給調查報告/滿鉄.北支事務局調查部編.—謄写版.—[青島]:[北支事務局調查部],昭和十四年[1939]

22 頁:図表;26 cm

保 No.177,北調農 38,丁資分 263.4,印 150

该资料是对青岛肥料供给状况的调查内容。主要有青岛肥料经办商的概况、肥料进口量、价格构成、肥料贩卖地区及组织、日本肥料商对中国北部的肥料进出口计划、肥料企业者的现状及将来、作物与肥料的关系、施农家肥的作物等内容。其中有青岛肥料行业的概况及化学肥料的进口情况,列举了青岛的肥料代理店以及其他代理品种及制造公司名称、青岛过去五年进口的数量,进口商向青岛代理店交付的运费及各项明细表。

F762.1/2

無湖米市慣行概況/滿鉄.上海事務所調查室編.—謄写版.—上海:滿鉄.上海事務所調查室,昭和十八年[1943]

183 頁;27 cm

保 No.413,上調三一 25,丁資分 380—35,印 150

该资料是对芜湖米市汇集的米谷的种类和采掘方法、运送方法、米市的机构和交易关系、各个米谷杂粮市场的调查内容。

F762.2/2

大豆專管制實施後ノ影響/調查部資料課編.—謄写版.—[不詳]:[調查部資料課],[不詳]

39 頁;26 cm

该资料是对中国东北等地区大豆问题的调查内容,主要包括大豆交易不顺利的原因和对策、大豆专管的各个方面及影响等内容。

F762.5/1

中支ニ於ケル牛皮集散状況/皮革業協会調查係編.—謄写版.—[不詳]:皮革業協会調查係,昭和十四年[1939]

5頁;26 cm

该资料是关于华中地区牛皮集散状况的调查报告。主要包括皮革协会创立10个月的集散额、依据海关统计的集散额、原皮市价、产地的交易额、靴底革市价、外商原皮交易市价、进口途径、上海的皮革制造市场的状况等内容。

F776.7/1

東亞各地区別主要農作物単位当収穫高一覧表/調查部総務課編.—謄写版.—[不詳]:調查部総務課,昭和十七年[1942]

36頁:図表;26 cm

保No.588,調総務3,丁資分340—3,印120

该资料主要是东亚各国主要农作物单位收获量的一览表,主要有水稻收获量,各国小麦、大麦、高粱、粟、大豆、甘薯、马铃薯、棉花、大麻、亚麻等农作物的收获量等表。

F812/10

中國之財政経済海関制度研究/[不詳].—[不詳]:[不詳],昭和二十年[1945]

1册;22 cm

该资料主要是对中国经济的研究,主要有“满铁”上海十五所调查室编写的日本侵华后中国的经济状况研究、对中国外债未偿还额度状况的调查、国际联盟经济情报部对的中国财政状况的看法、中国海关制度的历史性的发展状况、关于中国海关的制度、中国的财政机构及其运营的特殊性、中国的国家经济与社会经济的相克性、广东省的财政与经济状况、清朝经费的研究等内容;此外,也介绍了中国的农畜产业、矿工业、金融、贸易、铁道、港湾、河川水运、汽车、列国的权益、济南的金融情况、济南金融机构的盛衰、天津和青岛两港出口贸易品的内容、胶济铁道、龙口港、威海卫港、青岛港、山东长途汽车的交通等方面的状况。

F812/12

蒙彊に於ける華人商工業資本:主として、それの統計的分析/蒙彊銀行調查課編.—[不詳]:蒙彊銀行調查課,成紀七三六年[1941]

3,3,204頁:地図,表;22 cm

蒙彊産業調查資料,第四輯

该资料是对中国中北部商工业资本的情况、经营数量、经营规模,张家口、大同等城市商工业的业种、经营数量组织、资本、开业年份等的调查统计和分析。

F812/14

冀中冀南匪区経済監實態調查/北支経済調查所編.—謄写版.—[不詳]:[北支経済調查所],[不詳]

66 頁;26 cm

该资料主要是对釜洋河及冀中、冀南的金融、货物流通状况,冀中、冀南各地区的概况以及物价情况调查。

F812.4/1

支那国際収支論叢/南滿洲鉄道株式会社調查部編.—東京:日本評論社,昭和十六年[1941]

327 頁:図表;22 cm

该书就中国对外贸易的性质和趋势、中国最近十年的国籍贸易的平衡情况、中国的国际收支平衡情况、中国国际贸易的入超及奢侈品的进口情况、从国际收支平衡看中国的经济性质及趋势、中国战时贸易入超和对外兑换情况、中国出口兑换管理等方面进行了论述。

F812.4/2

中支三省对外収支推計/滿鉄.北支事務局調查室編.—謄写版.—[不詳]:[滿鉄.北支事務局調查室],昭和十三年[1938]

83 頁;27 cm

保 No.94,北調理 11,乙資分 240,印 50

極秘

该资料为华中三省对外收支的推算表。有商品和金银进出、事业利润、借贷款利息、新规投资、投资回收、海运关系、保险关系、劳务利润、各种消费、财政关系等方面的收支状况。

F812.41/1

北支国際収支調查計画案/滿鉄.北支経済調查所編.—謄写版.—[不詳]:[滿鉄.北支経済調查所],昭和十四年[1939]

6 頁;26 cm

中国北部的国际收支计划主要包含有要旨、调查项目及方法、调查的范围和地点、调查顺序等内容。

F812.41/2

一九三六年北支国際収支推計/満鉄.北支事務局調査室編.—謄写版.—[不詳]:満鉄.北支事務局調査室,昭和十三年[1938]

20頁;27 cm

保 No.92,北調理10,乙資分240.35,印50

该资料为1936年华北国际收支推算。主要包含中国北部国际收支推算表、中国北部国际收支推计表、中国北部国际收支的推计表等。

F812.42/4

包税制度ニ付テ:河北省ノ/満鉄・北支事務局企画班編.—謄写版.—[不詳]:[不詳],昭和十三年[1938]

36頁;26 cm

该资料介绍了河北省的包税制度、包税制度的弊端、对包税制度的改革、河北省包税制度改革的实际成效、河北省新的征税制度的各种规定等。附有34个县的区分表和区税务征收局的组织系统图。

F812.42/5

河北省税制調査報告書/境米一編.—大連:南満洲鉄道株式会社北支那事務局調査部,昭和十三年[1938]

285頁;図表;23 cm

北支那調査資料,第一輯

该书是河北省税制调查报告书,介绍了河北省的税务情况。

F812.42/6

支那塩税ノ研究.其ノ二,上事、調、財政金融叢書.第八種/[満鉄.上海事務所調査室]編.—謄写版.—[上海]:[満鉄.上海事務所調査室],昭和十四年[1939]

18頁;27 cm

保 No.88,上調九8,丙資分362—2,印120

该资料主要包括中国盐政改革的问题、缉私和税警的问题、盐税担保的内外债等内容。

F812.42/7(2)

河北省税制調査報告書.第二編,特別市税制概要/満鉄.天津事務所調査課編.—謄写版.—[天津]:満鉄.天津事務所調査課,昭和十二年[1937]

166 頁;26 cm

该资料是对北京和天津特别市税制的沿革、种类、税捐收入的趋势、契税、田赋、含牙税、当税、屠宰税等的营业税、特殊营业税、公益捐税、房捐税、车捐税、广告捐税、长途汽车捐税等的调查内容。

F812.5/1

支那鉄道関係外国借款:附、内債竝建設事業投資調/満鉄・調査部編.—謄写版.—[不詳]:[不詳],昭和十三年[1938]

135 頁;27 cm

该书是由"满铁"调查部编写的调查报告,主要是中国铁道向国外借款的有关内容,包括北宁铁路、平汉铁路、津浦铁路、平绥铁路、包宁铁路、同成铁路、胶济铁路、济顺高速铁路、陇海铁路、宝成铁路、道清铁路、京沪铁路、沪杭甬铁路、浙赣铁路、京赣铁路、宁湘铁路、浦信铁路、南浔铁路、成渝铁路、湘黔铁路、粤汉铁路、广九铁路、广梅铁路等铁道的借款条文。

F812.5/2

支那側債務整理計画ト各国ノ意見/[満鉄.北支事務局]編.—謄写版.—[不詳]:[満鉄.北支事務局],昭和十四年[1939]

58 頁;26 cm

保 No.175,北調法 15,丁資分 240.35,印 50

该资料主要内容包括中国的债务整理计划、针对中国债务整理计划之各国的意见、日本占领的湖广津浦铁道借款问题意见书、整理债券发行手续的研究等内容。

F812.722.4/1

縣(河北省)ニ於ケル省、縣収入ト其ノ使途/満鉄.北支事務局調查班編.—謄写版.—[不詳]:[不詳],昭和十二年[1937]

43 頁;27 cm

北支調資,第一〇号

该资料主要内容包括河北省所属县财政的概要、在县级范围内省的收入及其使用用途、在县级范围内省、县收入及使用用途等。

F812.725/1

最近山西省財政概況/北支事務局調查班編.—謄写版.—[不詳]:満鉄北支事務所局調查班,昭和十二年[1927]

67 頁;25 cm

北支調資,第三十七号

该资料是"满铁"调查部从陕西省财政的构成、收支表、租税收入、鸦片收入、经费等方面对山西省财政概况进行的调查。

F812.725/2

最近山西省財政概説/滿鉄.北支事務局調查班編.—謄写版.—[不詳]:[滿鉄.北支事務局調查班],昭和十二年[1937]

67 頁;26 cm

北支調資,第三十七号

该资料是对山西省财政的构成、税收收入、鸦片收入、建设经费等方面做的调查,附有财政收支表。

F812.752/1

山東省税制調查報告書/滿鉄.天津事務所調查課編.—油印版.—天津:滿鉄.天津事務所調查課,昭和十二年[1937]

288 頁;26 cm

该资料为"满铁"天津事务所调查科编写的关于山东省税制的调查报告。对山东省的国税关系与省税关系,青岛的田赋、营业收入、关税补助款、屠宰税、车辆捐助、地方营业纯收益、营业税、卫生税、竞马税等青岛特别市的各种税收状况,国税关系法规与省税关系法规等方面做了调查。具体包括国税关系中的棉系统税、火柴统税、小麦粉统税、监税的征收方法,现行税率、印花税、矿税、省税关系中的田赋、契税、营业税、普通营业税、牙行、油类、牲畜营业税、屠宰营业税、烟酒营业照牌税、房捐、副业营业税、国税关系法规的统税、印花税、矿税关系、省税关系法规的田赋、营业税、房捐等各种税的税收状态等方面。

F812.752/2

山東省財政概況/天津事務所調查課第四係編.—謄写版.—[不詳]:[不詳],[不詳]

18 頁:図表;26 cm

天調資料,第四十六号

该资料主要调查了山东省 1935 年度财政概况和 1936 年度财政预算概况,山东省的年收入情况,山东省的年度支出和中央税收情况,山东省的地方财产收入、地方企业收入、地方行政收入、地方企业的纯利润收入、补助收入和其他收入情况,山东省的公安费、实业费、建设费和债务费情况。附有 1935 年度预算决算的比较表、1936 年度年收入和年度支出的合计表、1935 年度山东省的中央税收表、山东省的补助费和军费的支出表。

F812.752/3

県財務行政制度：山東省/満鉄.北支事務局調査班編.—謄写版.—[不詳]：[不詳]，昭和十二年[1937]

36 頁；26 cm

北支調資，第三十五号

该资料是由"满铁"华北事务局调查组编写，是对山东省的财务行政制度，主要包括山东省财务行政组织、预算制度、征收制度、金库制度、决算制度、审核制度、预算产保管及物品管理制度、会计制度等的调查。附有山东省财务行政组织图。

F812.753/1

国民政府国策ノ财政的構造：準戦時体制下ノ南京財政ニ於ケル経費構造ノ分析/満鉄.産業部編.—謄写版.—[不詳]：[満鉄.産業部]，昭和十二年[1937]

4，225 頁；27 cm

保 No.1520，産資調東 26，丙資分 260，印 50

该资料是对"中华民国"国策上的根本问题、准战争时期体制的国策构造及所含经费的构造等方面进行的分析。

F812.84/1

北支関税.貿易調査報告/支那駐屯軍司令部乙嘱託班編.—[不詳]：支那駐屯軍司令部乙嘱託班，[不詳]

1，232 頁；22 cm

北支.産業調査書類，第二編第三巻

该调查报告主要是对中国北部关税和中国北部贸易的调查。对中国北部关税的调查包括制定方针政策的理由、说明、处置等内容。对中国北部贸易的调查包括对中国北部贸易的政策方针、日本对中国北部贸易的政策和方针等内容。附有中国北部关税政策方针计划、日本对华贸易政策方针的参考资料等。

F813.132/3

昭和十二年度ニ於ケル第二次移民団ノ予算及決算書/満鉄.北満経済調査所編.—謄写版.—[不詳]：満鉄.北満経済調査所，昭和十三年[1938]

53 頁;26 cm

北経経済資料,第一〇二号

该资料是1937年日本侵华时中国东北沦陷区日本移民的公共事业等方面的预算和决算的报告。

F813.132/4

昭和十二年度ニ於ケル第二次移民团農事施設の決算報告/満鉄.北満経済調査所編.—謄写版.—[不詳]:[満鉄.北満経済調査所],昭和十三年[1938]

19 頁;26 cm

北経経済資料,第一〇四号

该资料是对千振农事试验场、千振农会和千振种畜场的收支决算、农具费用、建筑修理费用、种苗费等的调查内容。

F815.12/1

ソ聯邦財政計画の作成と實施/企画院調査部編.—[不詳]:[企画院調査部],昭和十三年[1938]

3,198 頁;21 cm

该资料记述了前苏联财政资源状况,财政支出状况,财政计划体系的计划方法等内容。

F821.5/6

満洲通貨金融方策/南満洲鉄道株式会社経済調査会編.—[不詳]:[不詳],昭和十一年[1936]

2,14,848 頁:表;22 cm

立案調査書類,第二五編,第一卷,第一号

该资料主要有七七事变前后通货金融计划、币制及金融计划、“伪满洲国”中央银行设立计划、“伪满洲国”中央银行设立以后的通货金融计划、“伪满洲国”有铁道的收支计算通货的计划等内容。

F821.6/1

對法幣問題ノ日支双方ノ政策ノ経過ヲ具体的ニ説明/伊藤武雄著.—謄写版.—上海:満鉄上海事務所[不詳]

24 頁;26 cm

该资料介绍了中日双方对法币问题的态度和政策。

F821.721/1

静海縣地方行政ノ財政基礎(附表)/[不詳].—謄写版.—[不詳]:[不詳],[不詳]

1冊;18 3 26 cm

该资料主要包括静海县完成自治经费分配、静海县包围费收入分配、静海县历年实业建设类支出之分配等诸多图表。

F822/8

支那幣制改革の研究/安盛松之助編.—上海:南満洲鉄道株式会社上海事務所,昭和十一年[1936]

412頁:図表;22 cm:附録が付け加わる

上海満鉄調査資料,第十三編

该书包括中国农业经济、工业经济、金融经济中出现的问题,经济发展过程中的币制改革情况,币制改革与农业、工业、金融经济的关系,币制改革的政治意义等内容。

F822/9

北支新幣制ノ物的基礎並本質ニ関スル調査計画案/満鉄.北支経済調査所編.—謄写版.—[不詳]:[満鉄.北支経済調査所],昭和十四年[1939]

10頁;26 cm

该计划方案是对关于中国北部的新币制及本质的调查做的计划。主要包括要旨、调查项目及方法、调查的范围和地点、担当者及担当项目、调查顺序等方面。

F822/10

北支金融通貨概況竝之二伴フ商品流通事情調査.第五編,隴海線調査報告(徐州.開封)/満鉄.北支事務局調査部編.—謄写版.—[不詳]:[満鉄.北支事務局調査部],[昭和十四年][1939]

39頁;27 cm

保No.185.4,北調商15,丙資分307,印400

该资料调查了徐州的一般概况,徐州七七事变前后的一般经济情况、工业经济情况、金融机构概况、货币流通状况、金融通货问题所在和解决对策等方面,同时也调查了开封的概况、开封的商业情况、工业情况、货币金融情况等方面。

F822.1/2

貨幣制度トシテノ「物産証券」/満鉄.天津事務所調査課編.—謄写版.—[天津]:[満

鉄.天津事務所調査課],昭和十二年[1937]

20頁;26 cm

天調資料,第五三号

该资料为1936年杜太为论述的山西省的新货币制度的"物权证券"的理论的翻译版。

F822.5/3

河北省西北部流通通貨調査/満鉄.天津事務所調査課編.—謄写版.—[天津]:[満鉄.天津事務所調査課],昭和十一年[1936]

20頁;27 cm

天調資料,第十八号

该资料是对河北省西北部流通货币的种类、银货的储藏和流通、河北省各县的通货事情、河北省通用通货概况等的调查内容。

F825.129/1

ソウェート聯邦貨幣史/南満洲鉄道株式会社庶務部調査課編.—大阪:大阪每日新聞社,東京:東京日日新聞社,昭和三年[1928]

406頁:図表;23 cm

露亞経済調査叢書

该书是对第一次世界大战到1925年间前苏联货币流通状态的变迁的介绍,主要涉及了货币发行机关的状况、货币流通额情况、市价及物价指数统计情况、1918～1921年地方货币发行情况等内容。

F830.58/1(1-3)

中国農村ニ於ケル借貸形態　其一—三/満鉄.産業部編.—[不詳]:[不詳],昭和十二年[1937]

58,93,80頁;27 cm

该资料是由"满铁"产业部编写的有关中国农村的借贷形态的调查资料,主要有概论和各省农村的借贷情况二部分。在概论篇里,介绍了借贷的普遍化、借贷的用途、借贷的来源、借贷利息、借贷期、借贷种类等方面。在各省农村的借贷状态篇中,介绍了河北省、山东省、河南省、山西省、陕西省、甘肃省、江苏省、安徽省、江西省、湖北省、湖南省、四川省、浙江省、福建省、广东省、广西省、云贵两省的农村的借贷的情况。在山东省农村的借贷状态篇中,介绍了山东省的借贷、高利贷、抵押典当田地、借粮、典当和联合会议等方面的情况。

F830.59/1

列國対支鉱業投資の概観(翻訳)/[東亜研究所]編.—謄写版.—東京:東亜研究所,昭和十六年[1941]

58 頁;27 cm

資料丙,第六十号 D

该书为钱德昇所著的翻译版。主要介绍了西方列强对华矿业权侵略历史的变迁,西方列强对华矿业利用的现状,德国、美国、俄国、英国、日本等国对华矿业投资情况等内容。附有中日合办及日资矿业一览表等图表。

F831.332/1

関東州在留外国人調査(極秘)/調査部資料科編.—謄写版.—[不詳]:[不詳],昭和十五年[1940]

20 頁:表;26 cm

该资料主要收录了包括关东州(注:指日本占领的旅大租借地)在留外国人国籍及职业表、在留有势力的外国人表、外国人经营的教会及宣教士、与外国人有关系的公司表等诸多表格。

F832/7

[北支五省国際収支推計表]/[不詳].—謄写版—[不詳]:[不詳],[不詳]

157 頁:図表;27 cm

調資資二乙三九第一号ノ一〇七

该资料主要汇集了中国北部国际收支的各种推量表,包括五部分:推量表,阅览本表的注意事项,本表的说明要领,本表推量的根据,今后的预测。有中国北部五省国际收支的推量表、推量明细表、推量附属表、贸易收支及贸易之外的收支表、商品与金银的进出口表、中国北部五省国际收入推量概况表等表格及资本关系、海运关系、保险金的关系、外来消费、财政关系贸易之外的收支情况。

F832/8

土着資本動員ノ見地ヨリ観タル満洲国金融制度並金融機関経営ノ特徵/満鉄.調査部編.—謄写版—[不詳]:満鉄.調査部,昭和十五年[1940]

82 頁:図表;25 cm

保 No.445,調一調 50,丁資分 280—12

该资料主要有"伪满洲国"金融制度的特点、土著资本动员论、"伪满洲国"金融机构经营特点、国内普通银行经营特点、协同组合的金融机构经营特征等内容。

F832/9

北支金融調査報告/支那駐屯軍司令部乙嘱託班編.—謄写版—[不詳]:[支那駐屯軍司令部乙昭嘱託経済班],昭和十二年[1937]

161頁:図表;22 cm

该资料以表格的形式汇集了对中国北部的金融状况的调查。包括《关于中国币制改革的天津外籍人的意见表》《天津币制改革的实行状况》《芝阜通货金融调查报告》《青岛各地的汇率行情表》《天津金钱和金块交易及市场对外汇率行情表》《青岛交易所金钱汇率表》《上海市场汇率关系统计表》等表格。

F832/10

蒙彊地域通貨金融事情/満鉄.支事務局調査室編.—謄写版.—[不詳]:[満鉄.支事務局調査室],[不詳]

24頁;27 cm

保No.89,北調理9,乙資分240.4,印40

该资料是对“伪蒙疆”地区的银行及其他金融机关的沿革、现状,“伪蒙疆”地区的经济状况的调查内容。

F832.35/1

上事.調.財政金融叢書.第十一輯,中支ニ於ケル信用合作社(秘)/満鉄.上海事務所調査室編.—謄写版.—[上海]:[満鉄.上海事務所調査室],昭和十四年[1939]

28頁;27 cm

保No.113,上調九—15,丙資分280—14,印150

该资料是对七七事变前后华中地区的财政金融合作社的状态及发展进行的调查。

F832.37/1

上海ニ於ケル銭荘業ノ動向(上、事、調財政金融叢書第十輯)/満鉄.上海事務所調査室編.—謄写版.—[上海]:[満鉄.上海事務所調査室],[不詳]

1冊;27 cm

保No.105,上調九—12,丁資分280—11,印100

该资料是对上海钱庄的种类、组织、经营及资本系统、日本侵华战争前后上海钱庄业的动向等的调查内容。

F832.4/2

中.調.聯.交通通信分科会満鉄担当業務中ノ中支交通ニ対スル列国勢力調査/伊藤

武雄編.—謄写版.—[上海]:[上海事務所],昭和十五年[1940]

17 頁;27 cm

该资料主要包括华中地区铁道外国借款的概要及对京沪铁道、沪杭甬铁道、津浦铁道运营情况的介绍等内容。附有京沪、沪杭甬、津浦铁道借款表。

F832.48/1

列国の対支投資.別冊:香港に於ける英国の投資/東亜研究所著.—[不詳]:[不詳],昭和十六年【1941】

83 頁:図表;26 cm

資料甲第十一號,C

该资料是对在香港的英国的投资情况的调查内容。主要包括在香港的英国公司的资金情况、香港的资本市场情况、英国的对华贸易状况、香港上海银行的概况等内容。

F832.48/2

支那法令に於ける外國投資の制限/押川一郎著.—大連:南滿洲鉄道株式会社,昭和十一年[1936]

176 頁;22 cm

調查資料,第一〇四編

该资料主要介绍了中国的邮政电信、运输、矿业、工业、公共事业、商业、银行业、渔业、林业、农业、不动产等产业对外国投资的限定情况。

F832.48/3

列國對支投資と支那國際收支:第一調查委員会調查報告要旨/東亜研究所編.—東京:東亜研究所,昭和十六年[1941]

2,4,258 頁;24 cm

该书对外国的投资及中国的国际经济的概况和金融的地位、中国的人口及资源状况、传统意义上的中国的经济概况,西方列国在中国的外国的投资情况,中国的事业投资及其意义,中国政府的外债情况,外国对中国的投资和国际借贷情况,对中国的贸易的评价,中国的国际经济地位等做的调查。

F832.721/1

天津の銀号/北支経済調查所編.—[不詳]:南滿洲鉄道株式会社調查部,[不詳]

436 頁:表;21 cm

満鉄調査研究資料,第五八編

该资料对天津银号的沿革、组织及管理、银号业存在的理由、资金情况、利益的取得等做了调查,并对其业务进行了分析。附有天津银号实态调查报告书统计、京津银号也的会计制度编译等内容。

F832.721/2

天津治安維持会庶民金融対策案綱要/満鉄.北支事務局調查班編.—謄写版.—[不詳]:[満鉄.北支事務局調查班],昭和十二年[1937]

19 頁;25 cm

北支調資,第二十号

该资料主要记录了天津治安维持会的方针和政策。附有天津市当铺的概况等资料。

F832.722/1

河北省河間献縣信用合作社ニ関スル観察/[不詳].—謄写版.—[不詳]:[不詳],昭和十四年[1939]

47 頁;27 cm

保 No.174,北調農政 35,丁資分 261,印 150

该视察报告主要涉及了河北省河间、献县两县合作事业的起源和现状、两县120 个村村民土地分配概要调查、两县信用合作社社员的分析等内容。

F832.722/2

河北省献縣信用合作社之透視/大角発郎訳.—謄写版.—[不詳]:[調查部農政],昭和十四年[1939]

44 頁;26 cm

该资料为翻译稿。主要包括河北省献县的县合作事业的起源和现状,河间、献县 120 个村的村民土地分配概况的调查、县信用合作社社员的分析等方面。

F832.724/1

察哈爾省金融事情/満鉄北支事務局調查班編.—謄写版.—[不詳]:[満鉄北支事務局調查班],昭和十二年[1939]

6 頁;26 cm

该资料是对察哈尔省的概况、金融机关、通货币制度等的调查内容。

F832.725/1

山西省金融事情/北支事務局調查班編.—謄写版.—[不詳]:[北支事務局調查班],昭和十二年[1937]

20 頁;26 cm

该资料是对对山西省的人口、户数、对外收支、银行借贷对照、利益计算、银行汇款银行发行额等方面的调查内容。

F832.725/2

昭和十二年七月下旬ニ於ケル太原金融事情/滿鉄.北支事務局調查班編.—謄写版.—[不詳]:[滿鉄.北支事務局調查班],昭和十二年[1937]

26 頁;26 cm

山西省金融事情附録

该资料主要包括山西省省铁垦盐四银行号省币发行准备管理委员会启示等内容。

F832.731/1

胥各荘ニ於ケル銭舗.胥各荘土着資本實態調查中間報告/滿鉄.北支経済調查所編.—謄写版.—[不詳]:[滿鉄.北支経済調查所],昭和十六年[1941]

149 頁;24 cm

保 No.160,北経天分 4,丙立分 J2,印 150

该资料是对胥各庄钱铺的经营数和经营规模、经营相互的关系、经营状况、资本构成和资本运用及经营者内部的分析等的调查内容。

F832.751/2

危機切迫セル上海金融/滿鉄.上海事務調查所編.—謄写版.—[上海]:[滿鉄.上海事務調查所],昭和十七年[1942]

27 頁;28 cm

该资料为韩芷主编的《战后上海的金融》(香港金融出版社,1941 年出版)第二章第三节《危机四伏的上海金融》的日文翻译版。

F832.752/1

青島市支那側銀行調查/調查部編.—謄写版.—[不詳]:[不詳],昭和十四年[1939]

109 頁;26 cm

该资料调查了青岛市内的中国的银行方面的情况。资料从所在地、经营形态、设立年月、银行职员数、资本基金、储蓄存款、要职、经理、同华中华南本店分店的资本关系、同政府机关的关系、业务内容、利益形态、固定资产、纸币发行量、借款、存款、定期存款、利息、存款种类、贷款、投资、外汇、同行存款明细等方面介绍了中国银行青岛支行的情况、七七事变对青岛支行的影响及青岛交通银行、青岛大陆银行、东莱青岛分行、青岛中国实业银行、上海商业储蓄银行青岛支行、青岛山左银行、金城银行青岛支行、国华银行青岛支行等银行的经营情况。

F832.755/1

寗波ノ過賬制度(翻訳)/満鉄.上海事務調査室編.—謄写版.—[上海]:[満鉄.上海事務調査室],昭和十八年[1943]

1 冊;26 cm

保 No.419,上調三一 29,丁資分 280—47,印 150

该资料对过账制度的历史和优点、钱庄的类别、过账的时间和单位金额、过账簿及过账手续、过账错误的原因和处理方法等做了介绍。

F832.765.8/1

中支より見たる香港金融市場と其の為替管理/朝鮮銀行調査課編.—謄写版.—[不詳]:[朝鮮銀行調査課],[不詳]

78 頁;22 cm

该资料是对香港的地理、人口、政治、财政、贸易、贸易态势、日本物资、香港金融市场的性格、金融市场构成、兑换市场、通货、在香港的法币和日银币、香港的兑换统制和法币等方面的状况做的调查。

F922.29/1

国民政府度量衡法/満鉄.北支事務局調査部編.—謄写版.—[不詳]:満鉄.北支事務局調査部,昭和十三年[1938]

21 頁:図表;26 cm

该资料介绍了"国民政府"度量衡法规和度量衡法实施的细则等方面的内容。

G 文化　科学　教育　体育

G219.246.58/1

香港ニ於ケル新聞事業「綜合資料」/調査部資料課編.—謄写版.—[不詳]:調査部資料課,昭和十四年[1939]

19 頁;27 cm

该资料对香港地区的报业做了简单的介绍，主要介绍了《循环日报》《香港朝报》《华字日报》《华星日报》《工商日报》《天光报华侨日报》《南京日报》《大众日报》《自然日报》《星报》《申报》《大公报》《星岛日报》等多家报业集团的概况。

G219.271/1

北京に於ける新聞社、通信社並検閲機関、同業団体ノ現状/総裁室広報課編.—謄写版.—[不詳]:総裁室広報課，昭和十三年[1938]

78頁:図表，27 cm

總宏情一三第三号ノ三一

该书介绍了北京报社的经营状况、印刷技术状况、发行数、新闻记者的生活概况、北京新闻通信社的通信内容、经营状况、编辑人和记者的情况、北京市报社同业协会和北京新闻检查所概况、报夫职业分会的成立等方面的内容。

G527.25/1

山西省文教概況/山西陸軍特務機関編.—謄写版.—[不詳]:[山西陸軍特務機関]，昭和十六年[1941]

47頁:地図;26 cm

该资料是对山西省的教育方针、教育行政的重点、学校教育的分类、学制、初中等教育的就学率、教师的素质及待遇、初等教育机关的种类及在校数、职业学校、高等教育、第三国教育、日语教育、国定教科书及普及状况、社会教育等做的调查。

I 文学

I269.6/1-14

支那人に接する心得/原口統太郎著.—14版.—東京:実業之日本社，昭和十五年[1940]

2,4,12,342頁;18 cm

该书为"满铁"总裁松冈洋右氏作序。主要介绍作者在结交中国人时所用的的语言及中国的风俗、思想、交际、主张等方面所用的习惯和惯例。

I313.5/12-2

亜細亜横断記/南満洲鉄道株式会社広報課編.—2版.—東京:満洲日日新聞社東京支社出版部，昭和十七年[1942]

363 頁:写真,地図;18 cm

该书记述了作者对亚洲各地的旅行情况。

K 历史　地理

K2/9(1)

東亜論叢.第一輯,近代支那研究/田中慶太郎著.—東京:文求堂書店,昭和十四年[1939]

303 頁:地図;22 cm

该资料是对中国各地的位置、中国军阀的本职和西方列强的关系、河北省的土地制度、租借的法律的性质及其中立性等方面的内容介绍。

K253/1

北支那阿片事情/滿鉄.天津事務所調查課編.—謄写版.—[天津]:[滿鉄.天津事務所調查課],昭和十二年[1937]

23 頁;26 cm

该资料对华北地区的绥远、宁夏、甘肃、察哈尔等省的鸦片生产情况,天津、北京、张家口、甘肃等地的鸦片交易情况,山西省鸦片政策及其影响的调查,同时也介绍了甘肃、青海、宁夏等地的政情。

K29/12-3

新撰滿洲事情/南滿洲中等教育研究会編.—3 版修正.—東京:三省堂,昭和十三年[1938]

47 頁:地図,写真;27 cm

该书介绍了中国东北等地区的地形、地质及岩石、气候、生活(含衣服、衣服原料、食物、饮料水、居住、日本人的健康状况、中国东北等地区的礼仪和风俗习惯、蒙古人的风俗习惯等)、植物、动物、含矿物、水产、畜产、蚕业、农业等的原始产业的情况,含化学工业、煤炭工业、大豆工业、炼钢炼铁工业等工业状况,交通、航空、商业贸易、通货金融、民族及聚集地、地志、历史、政治、国防、教育、宗教及神社的情况及同日本特殊的关系等内容。

K292/2

内蒙察哈爾事情/西藤辰雄著.—謄写版.—新京:滿洲弘報協会,昭和十二年[1937]

58 頁:写真;27 cm

该资料是对内蒙及察哈尔的地域及自然环境、居民、察哈尔蒙古盟旗县的沿革、行政、财政、教育、土俗、宗教、经济、都市、交通、通信等的调查内容。附有绥远省盟旗的沿革和现状。

K292.1/3

河北省定興県事情/中華民国新民会中央指導部編.—謄写版.—[不詳]:中華民国新民会中央指導部,民国28年[1939]

26頁:地図,図表;22 cm

地方事情調査資料,第五号

该资料是对河北省定兴县的历史地理、地志风俗、地方制度、治安警察、产业、工业、交通、商务及金融、教育及宗教、社会事情、卫生等方面的调查内容。

K292.1/4

天津市概況[資料時報]/天津市概況[資料時報].—謄写版.—[不詳]:[調查部.資料課長],昭和十五年[1940]

54頁;26 cm

調資資二乙三九第二号ノ一三〇

该资料主要是对天津的沿革、位置、气候、面积、人口、交通、通信、道路、政治、日本租界的行政等方面的调查内容。

K292.3/2

熱河省灤平、豊寧縣調查情况/南満洲鉄道株式会社編.—謄写版.—[不詳]:[南満洲鉄道株式会社],[不詳]

90頁;27 cm

该资料是对热河省(注:中国旧行政区划的省份之一,地域相当于目前河北省、辽宁省和内蒙古自治区交界地带)滦平丰宁县状况的调查内容。主要有调查行路日程及经过地方地图,调查的概况,对地势、气象及农业季节、行政居民、交通通信的一般调查内容,对耕地面积、人口、户数的产业的调查内容,对农产品生产概况、畜牧及搬运机关的积载能力、林业商业、贸易状况、农业经营、地价、农业金融、租税、农业经济收支度量衡等方面的调查内容。

K293.5/1

綏芬河地方調查報告/発智善太郎調查.—謄写版.—[不詳]:[不詳],昭和九年[1934]

84頁;27 cm

该资料主要包括在绥芬河周围西方列强势力的兴衰状况,绥芬河地方的农业、商业、工业等概况,在绥芬河地区的日本移民的情况等调查内容。

K294.5/1

新彊省ノ現状:第六章/[不詳].—謄写版.—[不詳]:[不詳],[不詳]

23 頁;27 cm

该资料为《新疆省现状》的第六章,主要介绍了新疆的经济、政治的现状等。

K295.2/1

膠縣事情/青島特別市公署財政税務所編.—謄写版.—[青島]:[青島特別市公署財政税務所],中華民國 28 年[1943]

1 册:図表;26 cm

该资料通过图表的方式汇总了青岛胶州的沿革、面积及地域、气象、户数及人口、行政组织、县公署象征区划及乡镇制度、财政、收入支出、税务、警察治安、农业、畜产业、林业、商业及金融、交通及通信、教育、宗教、卫生等方面情况的调查内容。

K296.3/1

事変後に於ける武漢を中心とせる　長江沿岸政治経済事情/[不詳].—[不詳]:[不詳],[不詳]

16,718 頁:地図;26 cm

该书对武汉地区的治安状况、武汉地区主要行政机关、在武汉的外国的权益、武汉的概况、武汉的交通状况、武汉的工业概况、武汉的金融情况、关于汉口和九江的物资出入统制机构和物资进入现况、汉口土产品的流通状况等方面做的调查,附有武汉特别市华人主要商工业者名簿等资料。

K31/1

北支五省ノ道路ニ就テ/満鉄.産業部編.—[不詳]:満鉄.産業部,昭和十三年[1938]

3,63 頁;27 cm

该资料主要是对河北、山东、山西、察哈尔、绥远的道路状况的调查内容。附有中国北方五省的道路图。

K333/2

安南史講義/廣瀬哲士著.—東京:東亜研究所,昭和十六年[1941]

247 頁:地図,図表;18 cm

该书为翻译版，主要介绍了越南民族的发展情况、赵朝宗主权下的越南局面、吴权即位后的越南、越南独立王朝时代的概况、近世的越南各朝代的对外抗争和签订的主要条约、法国对越南的干涉和治理等方面的内容。

K512/4

ソウェート聯邦国勢統計十年史/南満洲鉄道株式会社庶務部調査課編. —大阪：大阪毎日新聞社，東京：東京日日新聞社，昭和五年[1930]

483 頁：図表；23 cm

露亞経済調査叢書

付録が付け加わる

该书对前苏联的国势进行了统计，主要有十月革命以后的国民经济情况、前苏联 10 年间国民经济的发展情况、全苏维埃大会的情况、地方机关的党派、共产党员增加的趋势等方面的政治统计及领土、人口、农业、工业、劳动者、食物、住宅、商业交易、运输、国内交通、财政及金融状况等方面内容的统计。

K825.34/1(1)

平津地方財界人興信録. 第一編/満鉄. 天津事務所調査課編. —謄写版. —[天津]：[満鉄. 天津事務所調査課]，昭和十二年[1937]

18，140 頁；23 cm

天調資料，第三七号

该资料为人名录，记录了天津的原军政界人物和公司商店人物的信息。

K833.13/16-20

支那在留邦人人名録：附邦人営業別/島津長次郎著. —20 版. —上海：金風社，昭和四年[1929]

1 冊；22 cm

该书为驻在中国的日本人人名名录。记录了驻在青岛、济南、天津、上海、南京、汉口、汕头、香港等地公司企业的店主姓名、地址、电话、分支机构等信息。书中附有部分在中国的日本人的照片，包括青岛总领事藤田荣介的照片。广告中附有大连满铁埠头的照片。

K92/1(1)

満蒙全書. 第 1 巻/南満洲铁道株式会社調査課著. —大連：満蒙文化協会，大正十一年[1923]

290,72,116,46,211,19,222,134 頁;21 cm

该书主要介绍了“伪满洲”和“蒙疆”地区的地理、户口、气象、历史、民族、风俗、语言、年中行事、宗教、教育等方面的概况。

K92/37(1939)

満洲と満鉄:昭和十四年版/平野栄著.—東京:南満洲鉄道株式会社弘報課,昭和十五年[1940]

45 頁:写真,図表;22 cm

该书是对“伪满洲国”的风土人情、政治、经济、文化及“满铁”组织概况的介绍。

K92/43-2

北満洲概観/南満洲鉄道株式会社哈爾濱事務所編.—2 版.—改訂版.—大連:満洲文化協会,昭和九年[1934]

510 頁:地図;23 cm

该书主要包括日本侵华时中国东北沦陷区的境域及人口,发展历史,陆运、水运、空运、特产的运输情况,满铁、北铁、乌铁及其他各铁道的关系等方面的交通状况,含商贸、金融、通货的产业经济概况,含工业、矿产的工矿概况,气象状态,农业、农村经济、林业、畜产、水产等方面的农林状况等内容。

K92/44

管内沿線案内/済南鉄路局営業所編.—謄写版.—[済南]:[済南鉄路局　営業所],昭和十五年[1940]

189 頁;27 cm

该书介绍了济南铁路局管辖区域内沿线的基本情况,包括济南铁路局管辖区域和山东省的关系,济南—青岛线、张店—博山线、淄川—黉山线以及包括青岛在内的胶济铁路沿线和津浦沿线的名胜古迹的状况,其中也介绍了青岛的市况、港湾设备、海上交通、教育机关、宗教、公益机关、商工业、纺织业等方面的内容。

K923/1(1.2)

南満洲主要都市と其背後地.第一輯.第二巻,安東背後地に於ける経済事情/谷村武著.—大連:南満洲鉄道株式会社,昭和二年[1927]

45,575 頁:地図;22 cm

该资料是对安东、莊河、岫严、凤城、宽甸等地的位置、面积、气候、地势、人口、宗教、教育、卫生、交通、通货、金融机关、商业、外国的势力分布等的调查内容。

K928.42/4

開封ヲ中心トスル運河網:宋代黄河流域運河ノ研究/池田静夫編.—謄写版.—[開封]:[東亜研究所],昭和十四年[1939]

33頁;25 cm

資料丙,第八十二号D

该资料是由东亚研究所编写,对以开封为中心的运河网——宋代黄河的研究的内容。资料分六个部分:序论、汴河、蔡河、广济运河、御河以及结论。附有开封运河图,介绍了开封运河的相关状况。该资料还对中国各运河的具体状况进行了介绍。

K928.9/3

満支印象記/藤本実也著.—東京:七丈書院,昭和十八年[1943]

9,318頁;22 cm

该书记录了作者对上海、苏州、南京、镇江、无锡、杭州、大连、新京、哈尔滨、奉天抚顺等多地的游览和考察的感受。书中记录了作者由上海到青岛,在青岛的游览考察的观感。同时也对"满铁"做了介绍。

K928.9/15

南支遊記/ハリー.フランク著;満鉄.弘報課訳.—大阪:朝日新聞社,昭和十六年[1941]

3,2,237頁:写真,地図;19 cm

大陸叢書,5

该书是作者在华南地区游历后所写的游记。

K928.9/18

満洲風土/田口稔著.—東京:中央公論社,昭和十七年[1942]

2,5,95頁;19 cm

该书由田口稔著,"满铁"弘报课编。主要记录了"伪满洲"国的土地、气候、植物、动物、人种、村落、都市、衣食、民具、产业形态、民间信仰、风土的变化等方面的状况和状态。书中附有大量的照片和分布图。

K93/9

佛領印度支那篇/佐田弘治郎著.—東京:東亜経済調査局,昭和十二年[1937]

381,6,3頁;22 cm

南洋叢書,第二卷

该书是对法属印度支那的位置、面积、地势、气候、动植物、居民、历史、政治、财政、农业、畜牧业、林业、水产业、矿业、工业、交通、通信、外国贸易及国内商业、货币及金融、社会结构、宗教、卫生、风俗习惯、民族问题等方面的调查内容。附有政治、行政诸法规略说。

K951.2/3(1)

ヤクゥト共和国.第一卷/南満洲鉄道株式会社庶務部調査課編.—大阪:大阪每日新聞社,東京:東京日日新聞社,昭和五年[1930]

405頁:図表,地図,写真;22 cm

露亞経済調査叢書

该书是对前苏联雅库梯共和国的地理探险经过,其所属地方的地形、地质、土壤状况,有用矿物,植物,动物,气候等方面的介绍。

K951.2/4(1)

露領極東地誌.上卷/南満洲鉄道株式会社庶務部調査課編.—大阪:大阪每日新聞社,東京:東京日日新聞社,昭和二年[1927]

330頁:図表;23 cm

露亞経済調査叢書

该书为前苏联远东地区的地志上卷,主要介绍了前苏联远东地区的东、西及东半部的北面和南面部分的地表情况,呼伦贝尔高原的高原状况、大兴安岭山脉、阴山山脉、小兴安岭山脉、长白山脉等山脉的状况等内容。

K951.2/4(2)

露領極東地誌.下卷/南満洲鉄道株式会社庶務部調査課編.—大阪:大阪每日新聞社,東京:東京日日新聞社,昭和二年[1927]

337頁:図表;23 cm

露亞経済調査叢書

该书为前苏联远东地区的地志下卷,主要介绍了日本海、注入黑龙江湾及鞑靼海峡的河流、日本海水域的河流、北冰洋水域的河流、内陆流域的河流状况以及该地区的季风气候、后贝加尔地方的气候、黑龙江流域的气候、沿海州的气候等方面的内容。

K951.2/6(4)

ソウェート聯邦総覧.第四巻/南満洲鉄道株式会社庶務部調査課編.—大阪:大阪毎日新聞社,東京:東京日日新聞社,昭和三年[1928]

392頁:図表;23 cm

露亞経済調査叢書

该书主要介绍了前苏联所属的北高加索、后高加索、西伯利亚等地的气候、行政区划、面积、人口、农作物的面积、播种的面积、工业企业、手工业、商业、商业交易所、建筑设施、教育设施、卫生设施等方面的内容,附有诸多图表。

K951.2/6(5)

ソウェート聯邦総覧.第五巻/南満洲鉄道株式会社庶務部調査課編.—大阪:大阪毎日新聞社,東京:東京日日新聞社,昭和二年[1927]

176頁:図表;23 cm

露亞経済調査叢書

附録が付け加わる

该书主要介绍了后贝加尔、堪察加等远东地区及前苏联等地的森林植物、动物、面积、人口、农业、工业、商业、公共事业、地方财政、教育及保健等方面的状况。附有诸多图表。

N 自然科学总论

N34/2

北支経済調査所分析試験及鑑定規則/満鉄北支経済調査所広務課編.—謄写版.—[不詳]:[満鉄北支経済調査所広務課],昭和十五年[1940]

12頁;26 cm

社告第四三号

该资料主要包括对华北地区经济的调查分析及鉴定规则等内容。

N851.2/2(1)

勘察加調査書.第一編/南満洲鉄道株式会社庶務部調査課編.—大阪:大阪毎日新聞社,東京:東京日日新聞社,昭和二年[1927]

441頁:図表;23 cm

露亞経済調査叢書

该书主要是对勘察加地区的气候和水温的调查内容。在气温方面主要包括:堪察加地方的气温概况、堪察加的气温昼夜经过的状态、地中温度、气温与云量及雾、降水量、气压等内容。在水温方面主要包括河、湖及泉的水温、所属湾的水温及结冰状态等内容。

N851.2/2(2)

勘察加調查書.第二編/南滿洲鉄道株式会社庶務部調查課編.—大阪:大阪每日新聞社,東京:東京日日新聞社,昭和三年[1928]

244 頁:写真,地図;23 cm

露亞経済調査叢書

该书为前苏联植物学家柯马洛夫写的《堪察加旅行记(上)》,主要为作者1908年的旅行记录。书中记载了在堪察加的湾、湖、温泉、海岸等地的旅行和考察情况。书中附有诸多图表和照片。

N851.2/2(3)

勘察加調查書.第三編/南滿洲鉄道株式会社庶務部調查課編.—大阪:大阪每日新聞社,東京:東京日日新聞社,昭和三年[1928]

340 頁:写真,図表;23 cm

露亞経済調査叢書

该书为前苏联植物学家柯马洛夫写的《堪察加旅行记(下)》。主要为作者1909年的旅行记录。书中记载了对堪察加的温泉、山、河流、高原、自然界、植物界居民等的考察情况。书中附有诸多的图表和照片。

N851.2/2(4)

勘察加調查書.第四編/南滿洲鉄道株式会社庶務部調查課編.—大阪:大阪每日新聞社,東京:東京日日新聞社,昭和三年[1928]

210 頁:図表;23 cm

露亞経済調査叢書

该书主要是对堪察加的孢子植物的调查内容,主要是淡水藻类的分布及群落等方面的调查,涉及好寒藻和好热藻等海藻类。

N851.2/2(5)

勘察加調查書.第五編/南滿洲鉄道株式会社庶務部調查課編.—大阪:大阪每日新聞社,東京:東京日日新聞社,昭和三年[1928]

374 頁:写真;23 cm

露亞経済調査叢書

该书主要是对堪察加的孢子植物的调查内容，主要对堪察加的分裂藻、黄色鞭毛、不等鞭毛、双鞭毛、无鞭毛绿藻、车轴藻、红藻等类的植物进行了调查。

N851.2/2(6)

勘察加調査書.第六編/南満洲鉄道株式会社庶務部調査課編.—大阪:大阪每日新聞社,東京:東京日日新聞社,昭和三年[1928]

359 頁:写真,地図,図表;23 cm

露亞経済調査叢書

该书主要是对堪察加的孢子植物的调查内容，主要对堪察加的海产虫藻及硅胶藻和菌类何粘菌类进行了调查。

P 天文学　地球科学

P561.2/1

地質調查隊鉄鉱班調查報告附図内容/[不詳].—謄写版.—[不詳]:[不詳],[不詳]

1 册:図表;23 cm

该资料主要有江苏省铜山县利国驿附近地质图、铁山铁矿产地附近地质图、万家湾铁矿产地附近地质图、铜山岛垂直磁力异常图等 17 个图表。

P562/2

満洲北西部の地質及地誌/南満洲鉄道株式会社地質調查所編.—[不詳]:[南満洲鉄道株式会社地質調查所],昭和十二年[1937]

124 頁:地図,写真;26 cm

该资料介绍了日本侵华时东北沦陷区西北部地区的山地、台地及丘陵、平地及低地、河谷及湖沼等地形、水成岩、火成岩、地质构造及地史的一般地形、金属和非金属矿床、矿泉等的应用地形、地表水及地下水等方面状况的内容。

P562.3/1

東三省鉱産地名簿/[不詳].—謄写版.—[不詳]:[不詳],[不詳]

186 頁;23 cm

该资料是中国东三省的矿产地名簿。其中有东三省的金矿、砂金矿、银矿、铜矿、铁矿、铅矿、黑铅矿、砒矿、硫磺矿、煤炭褐炭、泥炭、宝石类、云母、石棉、煤炭、皂石、陶土、砂轮、石印石、建筑以及土用石材等矿产的具体地址和生产情况。

P57/7

浙江省杭江鉄路沿線ノ鉱産(抄訳)/満鉄.調查部編.—謄写版.—[不詳]:[満鉄.調查

部],昭和十三年[1938]

37 頁;27 cm

保 No.141,調調調 17,丁資分 320—2,印 60

该资料是对浙江省铁路沿线的金属矿和非金属矿的调查内容。其中,金属矿有方铅矿、辉银矿、闪亚铅矿、黄锡矿、砂铁、黄铁矿等矿产资源的情况介绍;非金属矿主要有萤石、煤炭、石灰岩、石墨、石材等矿产资源的情况介绍。

P618.11/5

華北土壌の石炭含量に就て/田村真有吾編.—謄写版.—[不詳]:華北産業科学研究所,華北農事試験場,昭和十七年[1942]

22 頁;25 cm

調查報告,第六号

该资料通过定量法、对实验成绩的考察、对其考察的概括及结论几个方面记录了对华北地区土壤的煤炭含量的调查。

P62/4

物理地下探查法に就て/人古山勝夫著.—大連:南満洲鉄道株式会社産業部,昭和十三年[1938]

23 頁:図表;22 cm

该资料就物理地下探查法列举了弹性波式、地磁力式、电气式、重力式、地热式等几个地下探查法。

Q 生物科学

Q959.4/5(1)

満洲主要鮭鱒族魚類の生態に関する調査研究.第一報/南満洲鉄道株式会社編.—大連:南満洲鉄道株式会社調査部,昭和十六年[1941]

46 頁:地図,写真;22 cm

満鉄調査研究資料第 28 編,新京調査室資料,第 3 編

该资料对中国东北等地区的鲑鳟族鱼类在鱼类学上的位置、形态、分布、回游、食性等做了调查,附有诸多鲑鳟族鱼类照片和调查图表。

S 农业科学

S-03/1

試験事業方案/敦化農事試験場編.—謄写版.—[不詳]:敦化農事試験場,昭和十二年[1937]

30 頁:図表;26 cm

该资料调查了中国东北地区的森林资源情况和利用开发的现况,主要包括中国东北地区的森林面积、森林储备情况、木材类生产状况、各地方木材类生产出材量、不同木材的种类、树木种类的生产量、对资源开发的考察等内容。

S159.222/1

河北省定県土壌調查報告/田村真吾編輯.—北京:華北産業科学研究所,昭和十七年[1932]

88 頁:地図,図表;26 cm

調查資料,第十八

该书是对河北省定县土壤情况的调查报告,主要有河北省的位置及面积、地形及地质、高度、水路以及利用状况、野生植物、交通运输情况、人口、职业、生活习惯、气温、降水量、风、气候对土壤及其肥沃度的影响、农业状况、对土壤的调查、各种土壤的野外观察、土壤的化学性质、土壤的管理以及改良等方面的内容。

S159.252/2

山東省土壌/華北産業科学研究所編.—北京:華北産業科学研究所編.—昭和十六年[1941]

110 頁:図表,地図;22 cm

調查資料,第十五

该书主要介绍了山东省的土壤情况。主要有山东省的矾铁质土壤、石灰质土壤、新的堆积物及幼年期的土壤的介绍,山东省的土壤及作物巡查记录,土壤和作物之间的关系,山东省各地的土壤状况,山东省的气候因素、植物因素、地质因素、时间因素、地形因素等诸多影响土壤的因素等内容。该书附有山东省的土壤预测图、山东省威海卫附近的土壤略图、山东各地平均每月的降水量表、山东各地平均每月气温表、山东省内各种土壤的作物收获量表、山东各地无灌溉土地和灌溉土地的收成比较表、山东各县的作物栽培面积和百分比表、威海卫南南西 20 里所采集的山东褐色土壤—威海卫砂质土壤—耕地的器械分析成绩表、威海卫南南西所采集的山东褐色土壤威海卫砂质土壤耕地的化学完全分析表、山东省的土壤表等诸多表格。

S219/3

トラクター実演会報告/満鉄.産業部編.—謄写版.—[不詳]:[満鉄.産業部],昭和十二年[1937]

3,53 頁;27 cm

保 No.1590,産公農 12,丁資分 322,S331.1,印 120

该报告主要有参加拖拉机实演会的规定,出产的拖拉机的名称、制作单位及出产者姓名住所,实际演练审查要项(含试验地基土质、气象状态、土壤水分及硬度、使用犁、运转着、燃料消费量、启动时间、润滑油等),审查成绩,出产的拖拉机的简评等内容。

S277.9/1

常熟縣大義橋ニ於ケル洋龍船ニ関スル調査報告/満鉄.上海事務所調査室編.—謄写版.—[上海]:[満鉄.上海事務所調査室],昭和十七年[1942]

42 頁;27 cm

该资料是对常熟县大义桥洋龙船的作用和利用情况、洋龙船所有者和用船的所有动机、洋龙船的设备和能力情况、船的燃料情况、灌水契约和资金情况、洋龙船的现状和今后的发展的调查内容。

S32/1

蒙彊察盟ノ農業/張家口経済調査所編.—謄写版.—[張家口]:[張家口経済調査所],昭和十六年[1941]

168 頁;26 cm

该资料是对察哈尔的农业、地理位置、气候、土壤、原生植物、农耕地发生状态、劳动力、农民人口、鸦片、宗教等方面的调查内容。

S32/2

共産軍ノ農民工作ニ就テ/満鉄.北支事務局調査部编—.謄写版.—[不詳]:[満鉄.北支事務局調査部],昭和十四年[1939]

1 冊,27 cm

保 No.160,北調農政 31,乙資分 257,印 100

该资料是对抗日战争时期中国共产党军队对农民的工作情况的调查,包括对农民的政策和方法、没收汉奸的土地分配给贫农、地主的土地无偿交付给农民耕种、地方公有土地分配给农民、实行普通减税法令、保证佃户永久耕种土地权、水利及救济事业的妥善处理、农民合作社的发展情况、贫农的种子配给等内容。同时也涉及农民干部的选出、消灭汉奸、消除鸦片、援助抗日军队、民间武器的没收、金融流通方法、成立农民救国会的目的绩组织情况、农民抗日救国十二问题等方面的调查。

S327.22/1

運輸資料/北支経済調査所編.—謄写版.—[不詳]:[不詳],昭和十五年[1940]

171 頁;27 cm

该资料主要有对华北地区的宛平、良乡、徐水、清苑等县的土地行政、土地权利、田赋等的调查内容。

S422/1

北寧津浦鉄路沿線ニ於ケル戦禍水災調査報告.農畜産部面ニ於ケル/滿鉄.北支事務局調査室編.—謄写版.—[不詳]:[滿鉄.北支事務局調査室],昭和十三年[1938]

38 頁;26 cm

保 No.10,北調農 7,乙立分 258.1,印刷 150

该资料是对北宁、津浦铁路沿线由于战争引起的水灾情况,主要包括受灾的地域和状况、各县的受灾现状等的调查内容。

S512.1/1

沿海洲及黒龍洲産の小麦並ライ麦の穀粒研究/南滿洲鉄道株式会社庶務部調查課編.—大阪:大阪每日新聞社,東京:東京日日新聞社,昭和二年[1927]

250 頁:図表;23 cm

露亞経済調查叢書

该书是对沿海州及黑龙江沿岸各地区的小麦及黑麦的谷粒的研究。主要包括了农业的意义,麦作的历史,沿海州及黑龙江沿岸各地区的气候情况,疆域的植物分布,麦类生长的土壤,农业化学的意义,麦粒的断面、水分情况,脂肪及淀粉的测定等内容。附有各国产小麦的化学成分表、黑麦的化学成分表等诸多图表。

S563/2

北支蒙彊麻類調查/華北交通株式会社編.—[不詳]:華北交通株式会社,昭和十六年[1941]

6,194 頁;26 cm

该资料为华北交通株式会社编写的对华北、“蒙疆”麻类的调查。主要调查了大麻、青麻、亚麻的名称、来历、用途、产地、产量及耕作面面积、生产及交易、交易机构和习惯、栽培等方面内容。资料中附有栽培地域略图和诸多麻类栽培的照片。书中涉及青岛市的麻类的交易等状况。

S565.1/3

改良大豆ノ普及實績ニ就テ/滿鉄.調查部編.—謄写版.—[不詳]:滿鉄.調查部,昭和

十四年[1939]

26 頁:図表;25 cm

保 No.409,調一調 36,丁資分 340—21

该书是对中国东北地区改良大豆的普及方法和普及的业绩、优质大豆原种生产状况、分发方法、分发的业绩、奖励品种特性等的调查内容。附有 1939 年度各采种场优良种子生产状况推算表、1938 年度锦州、吉林、牡丹江、哈尔滨各县优良种子分发情况表等图表。

S567/3(2)

包頭漢薬事情.第二輯/[不詳].—謄写版.—[不詳]:[不詳],昭和十五年[1940]

22 頁;25 cm

该书介绍了包头的中药概况。其中包括对大黄、当归、麻黄的概述、产地及产地的状况、种类及品质、用途、交易情况等内容。

S66/3

滿洲之果樹/南滿洲鉄道株式会社地方部地方課編.—東京:南滿洲鉄道株式会社地方部地方課,大正五年[1916]

215 頁;22 cm

產業資料,四

该资料是对中国东北等地区及华北地区的梨、苹果、葡萄、桃、李、杏、樱、桃、柿子、枣、石榴、山楂等果树的原始品种、优良品种、分布等方面的调查内容,附有关于芝罘的果树、张裕公司葡萄园等资料。

S66/11

山東、河北両省ニ於ケル果樹栽培/滿鉄.天津事務所調査課編.—謄写版.—[天津]:[滿鉄.天津事務所調査課],昭和十一年[1936]

25 頁;27 cm

天調資料,第三一号

该资料是对山东、河北省果树的栽培情况,包括山东省和河北省的气候对果树栽培的影响、山东省和河北省果树供求关系、两省果树栽培的局限情况、两省果树栽培的改进对策以及意见等的调查内容。

S662.1/1

肥城桃ニ関スル調査/滿鉄・天津事務所調査課編.—謄写版.—[不詳]:[不詳],昭和

十二年[1937]

9 頁;26 cm

天調資料,第三十三号

该资料是对山东省肥城桃栽培的历史,肥城桃的栽培地区和产量、地势、土质、品种、栽培方法、贩卖及销路等的调查内容。

S72/1

造林方法二就イテ/済南鉄路局総務処資業科編.—謄写版.—[不詳]:[不詳],[不詳]

1 册;25 cm

该资料主要介绍了造林树种的选定和造林方法。

S72/2

北支鉄道ラ中心トシタル治水造林事業/華北交通株式会社編.—謄写版.—[不詳]:華北交通株式会社,[不詳]

21 頁;27 cm

満鉄資料

该书是对以华北地区的铁路为中心的治水造林事业,包括铁路的防水、防沙、防雪等林业设施以及营造铁路备林事业等方面做的调查内容。

S79/2

膠済、津浦、京漢沿線ノ植林概況/満鉄.北支事務局調査部編.—謄写版.—[天津]:[満鉄.北支事務局調査室],昭和十三年[1938]

6 頁;27 cm

保 No.137,北調農 59,丁資分 281.1,印 150

该资料调查了铁路沿线植树造林的目的,并对胶济、津浦、京汉沿线等处的植树造林的概况做了调查。

S821/8

蒙古馬飼養管理指針/華北合作事業總会著.—謄写版.—北京:華北合作事業總会,民國 32 年[1943]

6,11 頁:挿図;21 cm

该书介绍了蒙古马的特性、驯养、管理情况等内。

S823/1

山東の畜牛/野中時雄編.—天津:天津事務所,昭和十一年[1936]

100 頁:地図,図表;22 cm

附録が付け加わる

北支経済資料

该资料主要调查了山东省牛的头数及其分布,津浦线以西和以东的牛的饲养、管理及繁殖、交易状况,牛的外貌、能力、用途及价值等方面的内容。在山东省牛的头数及其分布篇中,介绍了牛的头数、分布状态。在调查津浦线以西的牛中,介绍了公母头数、成牛和仔牛头数,生产率,损耗率等内容。在牛的饲养、管理及繁殖篇中,介绍了养牛的农户、一般的牛的饲养管理和繁殖、肥育牛的饲养管理、繁殖等方面的内容。在牛的外貌及能力篇中,介绍了牛的毛色、皮肤、一般体型、用途的不同能力和价值等内容。在对山东省牛未来的考察篇中,介绍了包括河南省的牛及农村概况的对将来牛的头数增减的预测以及改良后情况的预测等内容。书中还提及了青岛是山东地区牛的重要分布地之一,山东地区的牛通过青岛港向海外大量出口等内容。该书附有河南省牛及农村概况表、青岛港出口的每头牛的各项费用表、牛移动图等图表。

S826/4

緬羊飼養試験成績/満鉄.産業部著.—謄写版.—[不詳]:[満鉄.産業部],昭和十三年[1938]

49 頁:写真,図表;27 cm

保 No.1823,産農畜 89,丁資分 340.12,印 100

该资料主要有对绵羊的实验目的及方法、实验成绩等内容。

S831/6

北支ニ於ケル養鶏事情/満鉄.調査部編.—謄写版.—[不詳]:[満鉄.調査部],昭和十五年[1940]

22 頁;26 cm

保 No.425,調一調 41,丁資分 350—23,印 150

该书是由"满铁"调查部调查编写,是对华北地区的养鸡方面的相关情况的调查。主要有华北地区的养鸡概况、饲养鸡的资源、养鸡环境、饲养管理的概要、各地集聚的鸡蛋及交易的事项、鸡蛋的加工、鸡蛋制作的相关商品对外出口、华北地区各机关设置的养鸡设施等内容。

S922.35/1

嫩江沿岸水産業調査報告書/阿部達夫調査;于致廣通訳.—謄写版.—[不詳]:[不

詳],[不詳]

89 頁:地図;27 cm

该资料通过对嫩江沿岸水产业的度量衡及通货情况、嫩江两岸的地形、渔具和使用时期、嫩江所产鱼种及生态、嫩江沿岸生产地的状况、生产地集散市场的生产和消费概况的调查,介绍了嫩江沿岸的水产状况。

S965.116/1

鯉ノ養殖方法/[不詳].—謄写版.—[不詳]:[不詳],[不詳]

1 冊;26 cm

该资料主要有:鲤鱼场设置方案、养鲤鱼的稻田及运池的利用、鲤鱼的流水养殖法等内容。

S98/6

滿洲國水產物ノ加工方法ト其の助成ニ就テ/調查部資料課編.—謄写版.—[不詳]:調查部資料課,昭和十四年[1939]

47 頁:図表;27 cm

该书介绍了中国东北等地区的各种水产物的加工方法和进程,其中包括干制品、盐藏品、腌藏品、调味品等的加工方法。

TQ 化学工业

TQ44/5

関東州人造肥料使用状況/満鉄.調查部第一調查室第一班編.—謄写版.—[不詳]:[不詳],昭和十四年[1939]

15 頁;26 cm

保 No.401,調一調 30,丁資分 310—14,印 120

该资料主要包括东北地区 1937～1938 年度人造肥料的消费状况、人造肥料使用情况、施肥的方法、人造肥料与土壤的关系、人造肥料购买的方法等内容。

TS 轻工业　手工业

TS976.15/3

青島邦人生計費調/[不詳].—謄写版.—青島:[不詳],[不詳]

21 頁;25 cm

该资料是有关居住在青岛的日本人生活费的调查内容。主要调查了饮食费、居住费、照明取暖费、被服费、受教育费用、公共课等费用。其中,在饮食费中,调查了大米、小麦、肉类及蛋奶类、鱼类和海产品、蔬菜、腌菜和水果、调味料、饮料以及爱好物品的费用。在居住费中,调查了房租、修理费用、管道费用和日常用具。在照明取暖费中,调查了燃料费和电费等费用。在被服费中,调查了衣服和日常用品的费用。另外,还记录了受教育费中的保健卫生、育儿教育、交通教育、娱乐等费用。公共课费是对生活费的总平均指数的说明。如调查了牛肉、猪肉、鸡蛋等的消费物价和指数。在使用的调味料中,调查了酱料、酱油、食盐、砂糖、茶、清酒、麦酒等费用。在衣料中,调查了棉布、布袜、鞋、木棉丝等费用。在燃料中,调查了石油、挥发油、酒精、石炭、木炭、柴等费用。书中还介绍了青岛谷物中的白米、糯米、小米、黑大豆、小豆、马铃薯等的价格。

TU 建筑科学

TU991.2/1

北支主要都市二於ケル上水道二就テ/满鉄.北支経済調查所編.—謄写版.—[不詳]:[满鉄北支経済調查所広務課],昭和十六年[1941]

76 頁;26 cm

保 No.125,北経化 23,丁立分 22

该资料主要是对北京、天津、济南、青岛等主要都市的上水道的精制情况、水量及水质,关于东阳制纸工业株式会社和电业股份有限公司等大水量需求的工业用水的精制情况等的调查内容。

TV 水利工程

TV211.1/1

山西省同蒲鉄道沿線井水ノ飲料水及汽罐用水トシテノ報告/鉄道總局鉄道研究所編.—謄写版.—[不詳]:[鉄道總局鉄道研究所],昭和十二年[1937]

73 頁;25 cm

该资料是对山西省同蒲铁道沿线井水的饮用水及汽罐用水的调查报告,附有饮用水及汽罐用水试验成绩表。

TV22/1(2)

北支水力資源調查.其ノ二,拒馬河水力資源/满鉄産業部編.—大連:满鉄産業部,昭和十三年[1938]

11 頁;26 cm

该资料是对华北水利资源中的拒马河的概况、流域面积、降水量、流出率、使用水量、堰堤、溢流设备、取水口及导水隧道、水压管、发电所、建设费等方面的调查内容。

TV882.1/4

黄河氾濫対策に関する研究/甲集团参謀部第二課編.—謄写版.—[不詳]:[甲集団参謀部第二課],昭和十三年[1938]

11頁;26 cm

方軍地資三四号

该资料针是对防治黄淮河的泛滥的对策做的研究,并对黄淮及其支流的性质、容量、泛滥的面积、洪水状况、黄淮河的改造、含沙量、对铁道的影响、黄河在政治经济上的意义、决口的修复、黄河的根本的治理问题等进行了阐述。

TV882.5/1

黒龍江系水路誌/南満洲鉄道株式会社庶務部調査課編.—大阪:大阪毎日新聞社,東京:東京日日新聞社,昭和四年[1929]

331頁:図表,地図,写真;23 cm

露亞経済調査叢書

该资料介绍了黑龙江流域的境界及地形、沿黑龙江地方的气候、黑龙江水系流域面积、河水的流量流速及水路的斜度、河川的结冰解冻和可航行期、黑龙江各支流的水陆状况、黑龙江流域的湖沼、黑龙江河口洲、航路标识的设置、水路改良计划等内容。

TV882.8/1

山西省河川測量報告書:灌漑及水電ニ関スル資料/野中時雄編.—天津:南満洲鉄道株式会社天津事務所調査課,昭和十一年[1936]

5,75頁:地図,挿図;23 cm

北支経済資料,第三輯

该报告书包括以下三部分内容:山西省水电测量机初步计划报告、山西省汾河测量工作报告和山西省的桑乾、漳、沁等河的测量报告。

U 交通运输

U2/4

満洲鉄道建設秘話/鉄道総局建設局編.—大連:満鉄社員会,昭和十五年[1940]

802頁;22 cm

该书由铁道总局建设局编,书中记录了“伪满洲”铁道建设过程中的任务和项目。书中附有大量的照片。

U46/10

ソ聯自動車の生産修繕及び従事員の研究/水谷國一著.—大連:南満洲鉄道株式会社調查部,昭和十四年[1939]

3,79 頁;22 cm

该资料对苏联汽车的生产、修理及从业人员的情况的做了研究。主要有苏联汽车在世界中的地位,汽车生产基地扩充计划,汽车的生产计划,在苏联的汽车破损情况,苏联汽车的修理法,对汽车的修理的能力、设备、部品等情况,汽车司机的人数、培养、工资情况及汽车在军事上的意义等内容。

U65/6

港湾管理経営と北支諸港の問題/總務部庶務課業務係編.—[不詳]:興中公司,昭和十五年[1940]

142 頁;22 cm

该调查资料对港湾管理经营及分类,日本、英国、美国、德国、法国、意大利等国家的港湾经营情况,中国港湾的现状,作为交通机关的港湾等方面做了调查。资料中详细介绍了青岛港的状况。附青岛埠头图等地图。

U65/13(2)

陽子江開港地埠頭及船舶経営ノ事変前現在状態及開発後ニ處スル対策案.後篇/満鉄.調查部編.—謄写版.—[不詳]:[満鉄.調查部],昭和十五年[1940]

224 頁;26 cm

该资料是对芜湖、九江、汉口等港口的港区概况、公司码头情况、港口的作业和供需状况、民船航运状态、港口的交通运输情况、货物运送状态、劳工的统制经营等方面的调查内容。

U659.2/1

青島港と佐藤船長/田口福壽著.—青島:青島海事協会,昭和九年[1934]

11,562 頁;19 cm

该书主要有港湾和筑港的状态,对海运和海事研究,对海洋的研究,科学小话和天文现象,时言和随笔,佐藤船长的生涯等内容。书中介绍了青岛港的状况、青岛航运组合的权力、青岛港的着埠问题、在青岛举办的海事会议等内容。附有青岛海事协会的建筑、在职人员、佐藤及其家人的照片。

U674-64/1

中支の民船業:蘇州民船實態調査報告/満鉄調査部編.—東京:博文館,昭和十八年[1943]

12,363 頁:写真,地図,挿図,表;21 cm

该书主要是对华中地区苏州的民船业,主要包括民船的构造、在民船上船夫的劳动情况、民船的所有权、民船的经营、民船上的商品流通情况、船行及运输公司等的调查内容,并附有民船概况表、民船构造表等表格。

U675/5

北支那沿岸の航路網:昭和二年本邦社外船の近海配船と市況の推移/佐田弘治郎編.—謄写版.—[大連]:南満洲鉄道株式会社,昭和三年[1928]

28 頁:図表;22 cm

パンフレット,第四十六号

该资料主要是对华北地区沿岸航路的范围、华北地区航路沿岸各港口的航道、以华北各港为基点的航道、停泊在华北各港口的远洋航线及不定期船的情况的调查内容。附有 1927 年中国外部船只的分配情况以及市场的变迁情况。其中以华北各港口为基点的航道中,介绍了大连基点、营口基点、天津基点、青岛基点的情况。

U69/1

旅順を漁港とするに就て/高橋嘉市編.—謄写版.—大連:南満洲鉄道株式会社庶務部調査課,大正十四年[1925]

4,52 頁:表;22 cm

パンフレット,第十五号

该资料是对关东州(注:指日本占领的旅大租借地)的近海渔业的历史情况、渔产及水产量情况、渔民的户数及人口数、渔船数、日本的出海渔民情况、渔民的收入情况、中国东北等地区的鱼市场情况、关东州渔业金融的现状、中国水产的消费及进出口状况、旅顺港的地理状况、旅顺与各渔区中心地的距离、旅顺的气象状况、旅顺渔港的重要的设备、经营情况等做了调查。附有关东州的渔船数及鱼类收获量等图表。

X 环境科学　安全科学

X37/2

北支開発事業の概観/北支那開発株式会社企画部編.—[不詳]:北支那開発株式会社企画部,昭和十六年[1941]

4,73 頁;22 cm

该书为华北开发株式会社企划部编写的关于华北开发事业的概观。主要介绍了华北资源的重要性及开发公司的使命，华北开发公司的目的、资金、机关组织、关系会社的监理情况，华北开发公司最近的融资状况，华北开发公司的关系公司及其交通运输、汽车交通、内河水运、青岛等港口的港湾的交通、运输、港湾等事业及华北的矿业，华北的盐业，棉花业等其他关系事业方丈状况等内容。书中附有青岛的纺织工厂、“华北陆路交通网略图”等多幅图片及地图。

Z 综合性图书

Z228/1

北滿民具採訪手記/染木煦著. —東京：座右寶刊行会，昭和十六年[1941]

15，297 頁；18 cm

该书主要记录了作者在旅顺、奉天、哈尔冰、新京等地区的旅游中所见到各种民间的用品。书中附有大量的照片和图示。

Z52/18

独逸膠州年報/青島軍政署編. —手写版. —[青島]：[青島軍政署]，大正六年[1917]

1 册；19×26 cm

该书为 1917 年德国胶州年报，介绍了胶州的商业以及交通、司法、行政、学制、学事、寺院、教堂、卫生、工程、林业、农业、畜产、税金、缴款等方面的状况。附有青岛港贸易表、外国重要产品进口表、中国重要产品出口表、山东矿业公司采煤炭表、山东铁路运输人员表、山东铁路运输货物表、胶州租借地直接收入表、胶州租借地经常收入比较表等表格。

Z631. 3/1(1)

滿鉄調査部報. 第一卷/斎藤征生編. —大連市：南滿洲鉄道株式会社，昭和十五年[1940]

62 頁；22 cm

该书包括 1935 年度全“满铁”调查部的基本方针、业务担当者的会议录摘要、调差部综合课的 1940 年度运营方针、1939 年度工业现场条件的调查经过、中国抗战力调查委员会的情况、中国惯行的调查计划、调查部报编辑方针等内容。

Z631. 3/2(2. 4)

調查時報. 第二卷　第四号/南滿洲鉄道株式会社社長室調查課編. —謄写版. —[不詳]：[南滿洲鉄道株式会社]，大正十一年[1922]

90，30 頁；22 cm：附録が付け加わる

该期的调查时报主要包括中国重要时事、中国东北等地区不动产长期信用机关的现状、在哈尔滨的中法银行支行和不动银行的发展前景、以上海为中心的航运业的状况、1921 年香港贸易情况、奉直两系的争斗和民国的势力派别的情况等内容。

Z822/1

立案調査書類目録:附刊行物目録/滿鉄.経済調査会編.—謄写版.—[不詳]:[滿鉄.経済調査会],昭和十年[1935]

266 頁;27 cm

保 No.1211,丁資分一 041,印一 120

该书为 1934 年 9 月至 1935 年 4 月日本人对中国进行立案调查书类目录。本目录通过书名、执笔者、出版年份、保管号码等方面汇集了中国地志、行政、地方财政及地方自治体、殖民、移民、财政、军事及军事政策、外交及外交问题、矿业、工业、农业、畜产业、水产业、林业、商业、贸易关税、通货金融、交通政策、交通法规、陆地运输、水上运输、港湾、治水、通信等方面的书目,还包含了有关山东省的地志调查书目。

Z822.031/1

南滿洲株式会社大連図書館増加図書分類目録/大鳥豊彦編.—大連:南滿洲株式会社大連図書館,昭和十六年(1941)

26,9,275,63,67 頁;26 cm

该目录通过中文和日文图书分类,编制了大连图书馆的所藏图书目录。

Z822.031/2

滿鉄大連図書館増加図書分類目録/岩田實編.—大連:大連図書館,昭和十七年[1942]

1 册;26 cm

该目录通过中文和日文图书分类,编制了大连图书馆的所藏图书目录。

Z822.1/1(2)

大連図書館和漢図書分類目録.第 2 編,宗教　哲学　教育/柿沼介編.—大連:南滿洲鉄道株式会社大連図書館;昭和五年[1930]

4,409,97 頁;26 cm

该资料主要为南满洲铁道株式会社大连图书馆所藏图书的分类目录,通过中文和日文图书分类编制了宗教、哲学和教育类图书的书目。

Z822.4/1

北支経済調査所蔵書目録:秘扱之部/北支経済調査所編.—謄写版.—[不詳]:南満洲鉄道株式会社調査局,昭和十七年[1941]

320,45頁;26 cm

極秘

该资料为华北经济调查所所藏资料的目录,主要分为主类表、地域区表和资料分类表三部分。

Z823.13/11(1)

満鉄調查文庫:備附資料目録.第一輯,昭和十七年11月現在/南満洲鉄道株式会社編.—謄写版.—[不詳]:[南満洲鉄道株式会社],昭和十七年[1942]

315頁;25 cm

该资料主要包括"满铁"调查报、调查时报、满蒙事情、满铁调查月报劳务时报、统计年报、满铁调查资料等文献的目录,也可通过分类目录查找。

Z823.139/1

調査部資料課資料分類目録.第1輯.第2分冊/水谷國一編.—大連:南満洲鉄道株式会社,昭和十四年[1939]

3,382頁;26 cm

该资料通过主类表和分类表汇集了"满铁"调查部的各分类资料目录的情况。

Z852/2

逐次出版物並叢書目録/中島宗一著.—謄写版.—大連:南満洲鉄道株式会社,昭和十二年[1937]

30,478頁:図表;22 cm

该目录包括"伪满洲国"的年报、季报、月报、旬报、经济调查、地图的等出版物的目录及前苏联远东地区、外蒙调查资料和前苏联研究资料目录等丛书目录。

Z852/3

満蒙鉄道文献目録/古山勝夫著.—大連:南満洲鉄道株式会社,昭和十二年[1937]

36頁:図表;22 cm

資料彙報,第二卷.第八、九号

该书为"满蒙"有关铁道文献的目录,分为极密类、图书类和杂志类三大类。内容涉及铁路的借款问题、各线路概况、铁路状况及政策、运输以及运输价格等文献类目的目录。

Z853.13/9

年鑑年報目録/中島宗一著.—大連:南滿洲鉄道株式会社,昭和十二年[1937]

1冊;22 cm

資料彙報,第二卷.第六號抜刷

该资料为出版的年鉴、年报的目录。主要有中国、日本的企业、会计、农业、矿业、畜水产业、林业、商业、工业、交通等方面类目的年鉴、年报目录。

Z87/2

雜誌綜合目録/人松本豊三著.—大連:南滿洲鉄道株式会社,昭和十一年[1936]

114頁;23 cm

資料彙報,第一卷.第三号别冊

该书为1936年4月末各所保存的期刊综合目录,包括刊名、发行地、保存地和期刊发行的周期等方面内容的目录。

Z88/2

中支関係資料目録/滿鉄上海事務所資料室編.—上海:滿鉄上海事務所資料室,昭和十四年[1939]

57頁;24 cm

该资料介绍了"满铁"上海事务所资料室所存有的有关介绍华中地区各种资料的分类号、书名、(著者名)、发行年月、发行所等信息。

Z88/3

北支経済調査所刊行物目録:昭和十八年三月末現在/滿鉄・北支経済調査所編.—[不詳]:滿鉄・北支経済調査所,昭和十八年[1943]

43頁:図表;25 cm

该书是由"满铁"华北经济调查所编写的华北经济调查所在1943年发行出版物的目录。本目录主要是天津事务所和华北事务局的发行资料。收录了包括山东棉业调查报告,青岛近郊农村的实际状态调查报告,小麦的生产、消费、贩卖情况及七七事变后的变动情况(以山东省高密县和青岛市胶县为中心),以青岛为中心的帆船贸易情况,华北地区工厂实际状态济南部分的调查报告,青岛纺织劳动的调查,山东省主要电气事业的调查报告,青岛主要工厂一览表,华北地区现有电气事业调查报告关于青岛的报告,山东省各县县志土地的目录,华北纺织业开发条件之青岛部分,山东省潍县调查概要报告,土地买卖篇第三号之山东省历城县冷水沟村,佃耕篇第四号之山东省历城县冷水沟村,家族制度篇之山东省历城县冷水沟村,中国共产党在山东省开展的农村工作等相关资料的目录。

Z88:F12/1

「調查報告内容梗概カード」の利用について/調查部綜合課編.—[不詳]:[不詳],[不詳]

98 頁;23 cm

滿鉄調查彙報,第三卷.第四号

该资料是由调查部资料科编写的,介绍了利用《调查报告内容梗概卡》的有关问题。资料中主要包括工业、流通、农业、法制、前苏联概况、青岛都市计划、交通、华侨、矿业等方面资料的梗概。

Z88:F12/1(3)

北支事務局調查室資料目録.第三編,企業、経営、会計/滿鉄北支事務局調查室編.—謄写版.—[不詳]:滿鉄北支事務局調查室,昭和十三年[1938]

17 頁:図表;26 cm

该书收录了“北支事务局调查室”的资料目录,主要有企业、经营和会计类资料目录。其中包括丛书、全集、连续出版物、统计、年报、年鉴、辞典、索引、书目、解题等方面的资料目录。

Z88:F12/1(5)

北支事務局調查部資料目録.第五編,鉱業/滿鉄北支事務局調查部編.—謄写版.—[不詳]:[滿鉄北支事務局調查部],昭和十四年[1939]

40 頁:図表;26 cm

该资料是由“满铁”华北事务局调查部编写的调查资料目录,主要包括矿业事项及政策、金属矿产物以及非金属矿产物三部分的资料。矿业事项及政策篇中,介绍了矿产的一般情况及中国、日本以及其他各国有关矿产的资料目录。在金属矿产物篇中,介绍了一般金属、铁,以及其他金属矿产物的资料目录。在非金属矿产物篇中,介绍了一般的非金属、煤、石油以及其他非金属矿产物的资料目录。在总记篇中,介绍了草书、全集、连续发行物、统计类、年报及年鉴、词典、索引、书名及简介以及其他事项的资料目录。

Z88:F12/1(8)

北支事務局調查部資料目録.第八編,交通/滿鉄.北支事務局調查部編.—謄写版.—[不詳]:[滿鉄北支事務局調查部],昭和十四年[1939]

97 頁:図表;26 cm

该资料是由“满铁”华北事务局调查部编写,主要有关于交通事项及政策、陆运、水运、空运、通信以及其他方面的资料。在交通事项篇中,有关于中国、日本以及其他各国的交通状况的资料目录。在陆运篇中,有关于一般运输和铁道运输等书目。在铁道运输篇中,有关于中国、日本的一般地区、京山(北宁)和京包(平绥)铁道、津浦和郯济铁道、京汉(平汉)和陇海铁道及其他华北铁道、其他中国铁道、其他各国以及其他陆运的方面的书目。在水运篇中,有关于海运、港运、内陆水运以及其他水运方式的资料。在总记篇中,有关于草书、全集及连续出版物、统计、年报及年鉴、词典、索引、书名及简介以及其他事项的资料目录。

Z88:F12/1(9)

北支事務局調査部資料目録.第九編,金融/北支事務局調査班編.—謄写版.—[不詳]:[滿鉄北支事務局調査部資料],昭和十四年[1939]

40頁:図表;27 cm:附保険

该书是由"满铁"华北事务局调查部编写,主要有关于金融事项及政策、金融机关、通货、物价、国际金融、其他金融以及保险的资料目录。金融事项及政策篇中,有关于中国、日本以及其他各国的有关金融方面的资料目录。金融危机篇中,有关于银行以及其他金融机关的金融危机资料目录。在国际金融篇中,有外国汇率以及其他国际金融的相关资料目录。在总记篇中,有草书、全集及连续出版物,统计、年报及年鉴,词典、索引、书名及简介以及其他事项的资料目录。

Z88:F12/1(13)

北支事務局調査部資料目録.第十三編,人口、食糧移植民/滿鉄北支事務局編.—謄写版.—[不詳]:[滿鉄北支事務局],昭和十四年[1939]

20頁:図表;26 cm

该书是由"满铁"华北事务局调查部编写,主要有人口与粮食问题、移民事项及政策以及其他相关状况的资料目录。移民事项及政策篇中,具体有关于移民的一般情况、日本的移民、中国的移民以及其他各国的移民地的资料目录及有关人口、粮食、移民、草书、全集、、统计、年报及连续出版物、年鉴、词典、索引、书名及简介以及其他事项的资料目录。

Z88:F12/1(15)

北支経済調査所資料目録　第十五編:都市/滿鉄北支経済調査所資料班編.—謄写版.—[不詳]:[滿鉄北支経済調査所資料班],昭和十四年[1939]

23頁:図表;26 cm

该书是由华北经济调查所资料班编写,主要有关于城市事项及政策、城市设施及其他方面的资料目录。其中有关于城市计划、近代城市计划、城市行政及地方政治、地方计划的理论及实际、城市计划与道路行政、城市生活的研究、住宅问题与城市计划、草书、全集、、统计、年报连续出版物、年鉴、词典、索引、书名及简介以及其他事项等方面的资料目录。

Z88:F32/1

北支那農業関係文献目録/古山勝夫著.—[不詳]:満鉄産業部,昭和十二年[1937]

28 頁;23 cm

資料彙報附録

该资料包括土地问题、农业经济及政策、农作物及其调查研究、人口和食量问题、畜产、蚕丝业等文献的目录。分为保密部分、杂志部分和图书部分。

Z88:F32/2

中支那農業資料目録/満鉄.調查部編.—謄写版.—上海:南満洲鉄道株式会社調查部,昭和十五年[1940]

79 頁:表;23 cm

保 No.430,調一調 45,丁資分 010—18,印 100

该资料是华中农业研究资料目录,分汉语类资料目录和日文类资料目录。汉语类资料目录主要有农报、中国实业、实业部月刊、中山文化教育馆季刊、地理学报、农学丛刊、国立东南大学刊行图书、年鉴、统计报告等刊物目录;日文类资料目录主要有湖北、江西、湖南、安徽、浙江省的农林业参考资料,田赋参考资料,经济建设资料,近 5 年粮食问题文献索引,棉花、茶叶、桐油等特产参考资料。

Z88:F32/2-2

満洲農業関係文献目録/満鉄調查部編.—2 版.—[不詳]:[満鉄調查部],昭和十六年[1941]

10,49 頁;23 cm

该资料目录分为农业概况、农地、农业经营、农业机械及团体、农作物、蚕业、其他等类目。

Z88:F426.61/1

北支那鉱業関係文献目録/古山勝夫著.—[不詳]:満鉄産業部,昭和十二年[1937]

16 頁;23 cm

資料彙報附録

该资料为矿业概况、金属矿产物、煤炭、石油等文献资料的目录，分为极密部分和图书部分。

Z88:F512/1

支那交通関係文献目録/古山勝夫著．—[不詳]:[南満鉄鉄道株式会社]，昭和十二年[1937]

44頁;23 cm

该资料分为图书、杂志、极密三部分的文献书目，主要有交通、铁路、汽车、水运、道路等类目的文献目录。其中，在青岛地区的文献中，有青岛商业及航业上的地位、关于青岛的海运状况、青岛第五码头筑造工事报告书等文献目录。

Z88:F72/1

支那商業関係文献目録/古山勝夫著．—[不詳]:南満洲鉄道株式会社，昭和十二年[1937]

53頁;23 cm

極秘

该资料主要为分为图书、杂志、极密三部分的文献目录，主要有丛书、统计年报、商业事情及政策、贸易、关税、商业机关及分配组织、物价等类的书目。其中，在青岛地区的文献中，包括青岛港贸易概况、青岛贸易概况、青岛港对日贸易概况、青岛重要商品商况和市况、青岛港贸易额、青岛港主要进出口货物概况等文献的目录。

Z88:F812/1

支那財政関係文献目録/古山勝夫郎著．—[不詳]:南満洲鉄道株式会社，昭和十二年[1937]

28頁;22 cm

该资料为财政类资料目录，主要分为极密、图书和杂志三部分，汇集有中央地方财政事情及政策、租税、公债、赔偿问题等方面的资料目录。

Z88:F832/1

支那金融関係資料目録/古山勝夫著．—[不詳]:南満洲鉄道株式会社，昭和十二年[1937]

46頁;23 cm

该资料包括图书、杂志、极密三部分的文献书目，主要有金融事情及政策、银行钱庄、资金、物价、通货、信用制度及机关、保险等方面的文献目录。

Z88:G35/1(1.1)

資料分類目録.第一輯.第一分冊/南滿洲鉄道株式会社調查部編.—大連:南滿洲鉄道株式会社,昭和十四年[1939]

440頁;26 cm

该书是南满洲铁道株式会社调查部资料的分类目录,其中分为包括经济理论、经济史、国际经济、国际投资、经济事情及政策、经济设施以及机关等一般经济类文献目录,企业经营类文献目录,会计类文献目录,包括农业事情及政策、农地、农业经营、农业机关、农作物等类别的农业类文献目录以及林业、畜产业、水产业、矿产等类别的文献目录。

Z88:G35/1(1.4)

資料分類目録.第一輯.第四分冊/南滿洲鉄道株式会社調查部編.—謄写版.—大連:南滿洲鉄道株式会社,昭和十四年[1939]

409頁;26 cm

该书为调查部资料课资料分类目录,按照都市、地理、历史、文化、文化事业以及政策、自然科学、理化学、一般年鉴、统计、一般辞书、目录、满铁刊行物等类别进行分类的文献目录。

Z88:G35-55/1

情報整理目録月報/総務部資料課情報係編.—謄写版.—[不詳]:総務部資料課情報係,昭和十年[1935]

154頁:図表;27 cm

该书为情报整理目录,包括"伪满洲国"的政治、国情、经济情况、商业情况、物价、外交、排外问题、民众运动、围绕张学良的各运动等方面的文献目录。涉及了前苏联内政,日本以及国外的资本的运作,日本商租土地问题,金属机械工业、化学工业、纤维工业、食品工业、金融情况、贸易情况等方面的内容。该书也涉及山东省的经济等各方面情况。

书名索引(按英文字母顺序和日文假名顺序排列)

A

B

J

M

N

Q

R

S

T

ア

ソ